匈奴史

[美]帕克◎著
向達◎譯

山西人民出版社
山西出版傳媒集團

圖書在版編目(CIP)數據

匈奴史 / [美] 帕克著；向達譯. —太原：山西人民出版社，2015.9(2024.2重印)
(近代海外漢學名著叢刊 / 鄭培凱主編)
ISBN 978-7-203-09239-1

Ⅰ. ①匈… Ⅱ. ①帕… ②向… Ⅲ. ①匈奴－民族歷史－研究 Ⅳ. ①K289

中國版本圖書館CIP數據核字(2015)第207934號

匈奴史

叢刊主編 鄭培凱
著　　者 [美] 帕克
譯　　者 向　達
責任編輯 崔人杰

出 版 者 山西出版傳媒集團·山西人民出版社
地　　址 太原市建設南路21號
郵　　編 030012
發行營銷 0351-4922220　4955996　4956039
　　　　 0351-4922127(傳真)
天猫官網 https://sxrmcbs.tmall.com　0351-4922159(電話)
E-mail sxskcb@163.com 發行部
　　　　 sxskcb@126.com 總編室
網　　址 www.sxskcb.com

經 銷 者 山西出版傳媒集團·山西人民出版社
承 印 廠 山西出版傳媒集團·山西新華印業有限公司

開　　本 700mm×970mm 1/16
印　　張 6.25
字　　數 46千字
版　　次 2015年9月 第1版
印　　次 2024年2月 第2次印刷
書　　號 ISBN 978-7-203-09239-1
定　　價 31.00圓

近代海外漢學名著叢刊編委會名單

出版説明

近代海外漢學名著叢刊選取一九四九年以後未再刊行之近代海外漢學作品，編例如次：

一、本叢書遴選之作品在相關學術領域具有一定的代表性，在學術研究方嚮、方法上獨具特色。

二、爲避免重新排印時出錯，本叢書原本原貌影印出版。影印之底本皆經專家組審定，原書字體大小、排版格式均未做大的改變。

三、爲使叢書體例一致，本叢書前言、後記均采用繁體字排版。

四、個別頁碼較少的版本，爲方便裝幀和閲讀，進行了合訂。

五、少數作品有個別破損之處，編者以不改變版本内容爲前提，部分進行修補，難以修復之處保留缺損原狀。

六、原版書中個别錯訛之處，皆照原樣影印，未做修改。

由於叢書規模較大，不足之處，在所難免，殷切期待方家指正。

總序／温故而知新

晚清以來，西力東漸，西方文化思想的著作也大量譯成中文，最著名的如嚴復與林紓的譯著，影響了整個二十世紀中國的知識界與文學界，使得中國文化的思維脈絡爲之丕變。除了西方思想經典、文學與實證科學著作的翻譯，以實證方法系統化探討中國文史的域外漢學，也對中國學術思想界産生了莫大衝擊，改變了中國學術的著述方法與取嚮。

中國傳統的知識結構，是按經史子集四庫分類的，以儒家意識形態的經學爲文化知識的砥柱，以史學爲貫串歷史經驗的殷鑒，至於子部與集部，則是作爲保存文獻、擴大知識面的附帶知識，可以耽情冥想，可以悠遊玩賞，却都是邊緣化的知識，無關聖教的弘揚，無關文化精髓的宏旨。西方文藝復興之後的現代學術體系，在知識分類上，與中國傳統大相徑庭，講究系統分科，不同知識領域各有其客觀存在的價值，有其相對獨立的目的與標準。日本知識界在明治維新以來，鑒於東方文明落後於西方的船堅炮利，率先效法西方，在追求「文明開化」、「脱亞入歐」的過程中，爲日本學術發展循着現代西方的體例，建立了哲學、文學、歷史學、經濟學、法學、商學、物理學、化學、地質學、醫學、農學、工程學、植物學、動物學等等新型學科，企圖與西方學術齊頭並進，從而影響了中國近代學術體系的發展。

本叢刊選印二十世紀上半葉出版的漢學譯著近百冊，分爲三大類：「歷史文化與社會經濟」、「古典文獻與語言文字」、「中外交通與邊疆史」，反映民國時期學術界重視西方及日本漢學研究的成果，藉助他山之石，重新審視中國傳統歷史文化的意義，特別是開拓了傳統學術忽略的領域。五四新文化運動以來，中國學者如蔡元培、胡適都提倡「整理國故」，以理性實證的方法，對中國文化傳統做出系統化的研究，是與這些漢學譯著相輔相成的。這些譯著除了介紹域外漢學的成果，還引進了嶄新的學術研究方法與視角，有助於梳理中國文化傳統的脈絡，重新整合知識結構與學術體系。雖然這些學術著作不是中國學者的成就，無法納入二十世紀中國文史學術的主脈，但是從中文譯本的影響而言，起碼也應當視爲中國近代學術發展的支脈或潛流，不容忽視。可惜的是，到了二十世紀下半葉，因爲兩岸政治形勢的變化，這些漢學譯著，除了部分因王雲五重新入主臺灣商務印書館，而得以在臺灣做了少量的重印，在大陸的出版界，則完全受到遺忘，甚至在許多新成立的大學圖書館中也不見踪影。我們搜集了近百冊塵封的漢學譯著，呈現給二十一世紀的中國學術界，一方面是爲了銘記前人爲推展學術而做出的努力，另一方面也是爲了提醒新常態時期的學人，學術發展有其歷史累積的脈絡，可以從中汲取歷史經驗，温故而知新。

說到「温故知新」與這批早期漢學譯著的關係，可以從兩個方面來思考，以見翻譯域外漢學如何反映了時代精神，爲融匯東西方學術思維，重新闡釋中國文化傳承，做出不可磨滅的貢獻。一是域外漢學的研究對象，以中國歷史文化典籍爲主，屬於中西文化碰撞期間興起的「國學」範疇，與五四新文化人物提倡的「整理國故」運動若合符節。研究中國歷史文化，並賦予新的學術意義，是清末民初知識精英念兹在兹的心結。歷史發展走到一個環節，時代的狂風揚起了批判傳統的大旗，風中的英雄幫着推波助瀾，却又無時或忘自己民族文化主體的未來，糾纏於「傳統」能否「現代」的困境。域外漢學的出現，以西方實證方法研究中國歷史文化傳統，綜合東西方各種語言文字材料，擴大了研究國學的眼界，即使無法打開中國文化傳統是否走到盡頭的心結，至少是提供了一個解惑的方嚮，在大霧彌漫的夜晚，看到了依稀渺茫的星光。

二是翻譯域外漢學，有一種以子之矛攻子之盾的吊詭作用，逐漸化解了中國文化思維中的自大心理與封閉心態，讓唯我獨尊的國粹基本教義派解除武裝到牙齒的盔甲，轉而吸收並接受西方實證研究的學風。民國期間新式教育制度的推行、學術體系的變化、大學學術專業的創建，具體到北京大學國學門的成立，中央研究院規劃歷史、語言、考古的研究領域，都與翻譯域外漢學背後的旨意是息息相關的。因此，重新閲覽這批民國期間的漢學譯著，對二十一世紀的現代學人來説，温故而知新，不但可以窺知民國學人追求新知的心理狀態，也會刺激吾人反思，認真思考學術研究方法與中國學術發展的前景，更進一步，探索文化傳統的重新闡釋與新知介入的關係。知識體系的變化當然與傳統的重新闡釋有關，是外爍的影響大呢，還是内因變化的成分居多？

論語·爲政記載孔子説：「温故而知新，可以爲師矣。」歷代解經，對這個「爲師」的道理，有兩種相近似但又取嚮不同的解釋。朱熹四書集注説：「故者，舊所聞。新者，今所得。言學能時習舊聞而每有新得，則所學在我而其應不窮，故可以爲人師。若夫記問之學，則無得於心而所知有限，故學記譏其不足以爲人師，正與此意互相發也。」雖然朱熹把知識分爲「舊所聞」與「新所得」，强調的却是「學而時習之」，從中生發新的心得，也就是從詮釋舊典中得到新知。這個説法與朱熹在鵝湖之會以後，作詩唱和，寫給陸九淵的詩句，「舊學商量加邃密，新知涵養轉深沉」，异曲同工，是一個意思，萬變不離其宗，舊學與新知是同一個脈絡的知識學理。

然而，有些朱熹之前的經學家，解釋「温故知新」，却有不同的取嚮。皇侃論語義疏就説：「故，謂所學已得之事也。所學已得者則温尋之不使忘失，此是月無忘其所能也。新，謂即時所學新得者也。知新，謂日知其所亡也。若學能日知所亡，月無忘所能，此乃可爲人師也。」皇侃明確説到，「故」指的是過去所學的知識，而「新」則指的是新近學到的知識，新舊結合，相互發明，就可以「爲人師」了。邢昺論語注疏循着皇侃的思路，也説：「言舊所學得者，温尋使不忘，是温故也。素所未知，學使知之，是知新也。既温尋故者，又知新者，則可以爲人師也。」這裏講的「素所未知」，就不衹是研讀舊學，有了新的體會，從過去的傳統中發展出的「新知」，而是從來没聽過、没想過的新學問了。這種「素所未知」的新學問，結合「舊所聞」，對習以爲常的知識框架，就會産生巨大的衝擊，而出現飛躍性的結構變化。知識内容或許大體沿襲傳統，知識結構却得以重新整合，出現嶄新的認知系統，重新審視自己文化傳統的意義，打開文化傳承的新局面。二十世紀上半葉的漢學譯作，就發揮了這樣的作用，促使中國學者放棄自我中心的文化態度，從各種不同側面，探知中國歷史文化的光譜，以域外（或是全球）的角度觀測中國傳統，摇動了文化的萬花筒，看到七彩繽紛的中國。

嚴復在甲午戰争之後，改良變法思想風起雲涌之時，開始大量翻譯西方思想經典著作，是有感於國人（特別是傳統文化孕育的知識精英）思維系統封閉，企圖介紹實證新知，引進邏輯思維的方法，以破除儒學之道「一以貫之」與「放之四海而皆準」的虚妄。他翻譯天演論，在序文中提到，有人歸納東西方學術思想，認爲中國文化重精神，是形而上之學，立意高超，而西方文化重物質，是形而下之學，衹追求功利的回報。他認爲，這種自以爲是的蒙昧態度，陷入傳統舊學的框囿而不自知，没有自我反思的能力，無法吸收「素所未知」的新知識，也就無法開展並弘揚自己的文化傳統。嚴復非常清楚他翻譯西方經典的目的，是爲了介紹新知，打破中國傳統思維的封閉性，但是，作爲披荆斬棘的拓荒人，他深知思想封閉者的頑固心理，必須因勢利導，以免遭到盲目衛道之士的攻訐。嚴復有其防身的策略，不會像許褚戰馬超那樣赤膊上陣，而是以桐城文章譯述赫胥黎、斯賓塞、穆勒、亞當·斯密、孟德斯鳩，博得晚清知識精英的贊許，文章深閎而傳入了新知義理。從文化變遷的角度而言，通過翻譯，以迂迴戰術來介紹西方思想，得到巨大的成功，產生了改變傳統思維體系的實效，是中國近代思想史上影響深遠的大事。以此類推，民國時期大量翻譯域外漢學的影響，也是不容忽視的思想史課題。

關於清末民初西方學術思維衝擊中國知識精英，顛覆傳統文化的知識結構，錢穆在現代中國學術論衡的序言中，從中國文化本位的立場，發出深刻的感慨，做了籠統的批評：「文化异，斯學術亦异。中國重和合，西方重分別。民國以來，中國學術界分門別類，務爲專家，與中國傳統通人通儒之學大相違异。循至返讀古籍，格不相入。此其影響將來學術之發展實大，不可不加以討論。」錢穆所指出的問題，是傳統知識體系强調「通」，文史哲不分家，最崇尚通儒，而現代學術講究專業分科，各司其職，以至於讀不通古籍呈現的整體性知識思維。姚名達在撰寫中國目録學史的時候，對西力東漸，西潮帶來的翻譯著作及新知新學，也有類似的感慨：「四部分類法，不合時代也，不僅現代爲然。自道光、咸豐允許西人入國通商傳教以來，繼以派生留學外國，於是東西洋洋籍逐年增多。學問翻新，迥出舊學之外。目録學界之思想不免爲之震蕩。」這種對學術體系發生重大變化的觀察，反映了中國學人從晚清一直到民國，夾在東西方兩種不同思維體系的衝突中，身歷其境的切身感受，因此感觸良多。

二十世紀上半葉最能代表中國學術的通儒是王國維與陳寅恪，他們浸潤了經史子集的四部知識傳統，承繼乾嘉篤實的考據學風，却都經過西洋邏輯思維與實證科學的洗禮，參與中國知識結構的轉型。對西方現代知識結構如何在中國生根發芽，不但再三致意，并且以自己的學術實踐來努力促成。王國維早在一九〇二年就寫信給張之洞，反對把經學列爲大學分科之首，而主張效法西方與日本的大學，設立哲學科，明確指出知識結構的分類不可因循傳統，而必須另起爐竈。陳寅恪在一九二五年就清華大學建制的問題，寫了吾國學術之現狀及清華之職責，指出大學的職責在於學術之獨立，而中國學術界的情況令人十分不滿，必須認真效法西方學術的體制及實踐。他説：「蓋今世治學以世界爲範圍，重在知彼，絕非閉門造車者比。」這兩位國學大師，對西方與日本的漢學研究十分注意，都是以開放態度對待域外漢學研究，集思廣益，以成其大家。

再回到「温故知新」的歷代經解，説説文化傳承的闡釋學意義。劉寶楠在論語正義中指出，上古之時，文化知識是上層統治精英的家學，不再治理實際政事的長者可以傳遞德行的知識，可以爲人師。「温故而知新」，就顯示長者不忘舊時所學，且能吸收新知，繼承并發揚這種學術與政治合一的傳統。到了孔子之時，時代出現了變化，士大夫不見得能够謹守家法，弘揚德行，也不一定能够「爲師」了。孔子之後，世變日亟，「道術爲天下裂」，文化知識不再爲少數統治精英所壟斷，也不必然與治理政事有關，學術在民間百花齊放，百家争鳴。但是，學術知識發展的脈絡基本未變，仍然是要温故知新，進德修業。從劉寶楠不經意的闡釋中，可以看到時代變遷影響了學術文化的内容，改變了知識結構的體系，但其内在發展的理路仍舊，還是需要舊學與新知的融合，才能有所發展。

劉寶楠還引述了劉逢禄的解釋：「故，古也。六經皆述古昔、稱先王者也。知新，謂通其大義，以斟酌後世之製作，漢初經師皆是也。」劉寶楠贊成這個説法，並指出，漢唐人解釋「知新」，大多數都沿用此意。也就是説，舊學是傳統的知識結構體系，新知是時代變化出現的新知識，必須相互斟酌，才能發揮得宜。至於如何對舊學「通其大義」，就見仁見智，各有説法了。從這個通達的詮釋來討論近代西學東漸的情況，我們可以看到，「温故而知新」在民國學人的心底，是産生「傳統」與「現代」糾葛的心理陷阱，不易跨越。若依照朱熹的説法，「學能時習舊聞而每有新得，則所學在我而其應不窮」，雖然在哲理上可以模模糊糊説通，但在清末民初的具體歷史環節，西學的新知屬於完全不同的知識體系，在原有的舊學脈絡中，根本無從立足，如何「其應不窮」?·所以，真要放之四海而皆準，提升「温故而知新」的普世意義，以理解域外漢學譯著與近代學術知識體系變遷的文化史意義，我們認爲，皇侃、邢昺，一直到劉寶楠的闡釋，是比較合適，並與現代文化闡釋學的説法相近。

伽達默爾（Hans-Georg Gadamer）在他的名著真理與方法中，説到認知理性與文化傳統的關係，特別指出，人們通過理性，來判斷歷史文化中事實的真相，但是人的理性與生存環境息息相關，與傳統所衍生的豐富文化底蘊有關，不可能完全超越文化傳統的思維脈絡。他認爲，人生活在文化傳統之中，就不可能「遺世獨立」，以全能超越的抽象思辨來認識傳統，甚至是批判或顛覆傳統。傳統是歷史文化延續與傳承的表徵，不會一成不變，而我們的認知理性也會因時代變遷，而不斷重新詮釋傳統。伽達默爾的闡釋學以西方文化傳統爲例，説明新知如何納入傳統，而使文化傳統生機不斷，生生不息，與中國歷代經學家的説法（朱熹除外），有异曲同工之效。以此觀照民國時期的漢學譯著，我們認爲，這批學術新知傳入中國，對中國文化傳統的繁衍與發展，實有承先啓後之功。

近代海外漢學名著叢刊的出版，最值得感謝的是南兆旭先生二十多年來搜羅的執着與努力。雖然這套叢刊不能窮盡民國時期的漢學譯著，但是，能滙集上百冊自一九四九年以來在國内不曾重印的學術著作，再度公之於世，總是功不唐捐的大功德。忝爲本叢刊的主編，我面對這批民國學術材料，先是感到紛雜無章，有些原作者的學術素養也難副當前的學術標準，甚爲猶豫。後轉念一想，這是上個世紀中國最紛亂時期的學術記録，也是民生凋敝，國勢隤危，内亂外患交加之際，仍有許多學者孜孜矻矻，戮力翻譯域外漢學，爲中國學術的傳承拓展新知的坦途，不禁肅然起敬，開始用心整理分類。掛一漏萬，在所難免，好在有學殖豐贍的諍友擔任分卷主編，並撰寫各分卷前言，實在是衷心銘感。有傅杰教授負責「歷史文化與社會經濟」、戴燕教授負責「古典文獻與語言文字」、霍巍教授負責「中外交通與邊疆史」，吾道不孤矣。在整理編輯過程中，周威先生費心最多，也是我要衷心感謝的。

道術之存亡，全在人心之嚮背。這批民國漢學譯著重新問世，對我們生長在承平之世的學人，應當有激勵的作用，爲學術研究多盡份力，讓中國學術發展更上一層樓。

鄭培凱

二〇一五年七月

前言

在中國近現代學術史上，一個重大的轉折時期出現在清末民初，中國文化和中國學術幾千年來所積澱的自負和驕傲，受到前所未有的衝擊和挑戰。這種壓力既來自外部，也來自於内部，既包含着一個古老民族對於西方列强從政治、軍事、經濟、文化等各個方面强勢壓迫的自然反抗，也有着當時學人從學術傳統、研究範式、價值取嚮、材料方法等深層次的理性思考。在這樣一個大背景之下，陳寅恪先生因主張「一時代之學術，必有其新材料與新問題」而著稱於世，傅斯年先生也因倡導「上窮碧落下黄泉，動手動脚找東西」而聲名顯赫。其實，傅斯年先生這句名言的出處是在他撰寫的歷史語言研究所工作之旨趣一文當中，在講這句話的前面，他還有很長的一段話比較了當時中西學術發展出現的差距，并且指出了學術發展的三項標準：

（一）凡能直接研究材料，便能進步。凡間接的研究前人所研究或前人所創造之系統，而不能繁豐細密的參照所包含的事實，便退步。（二）凡一種學問能擴張他研究的材料便進步，不能的便退步。西洋人研究中國或牽連中國的事物，本來没有很多的成績，因爲他們讀中國的書不能親切，認中國事實不能嚴辯，所以關於一切文字審求、文籍考訂、史事辯别等等，在他們永遠一籌莫展。但他們却有些地方比我們範圍來得寬些。我們中國人多是不會解决史籍上的四裔問題的，丁謙君的諸史外國傳考證，遠不如沙萬君之譯外國傳、玉連之解大唐西域記、高幾耶之注馬可波羅遊記、米勒之發讀回紇文書，這都不是中國人現在已經辦到的。凡中國人所忽略，如匈奴、鮮卑、突厥、回紇、契丹、女真、蒙古等問題，在歐洲人却施格外的注意……（三）凡一種學問能擴充他做研究時應用的工具的，則進步，不能的，則退步。……西洋人做學問不是去讀書，是動手動脚到處尋找新材料，隨時擴大舊範圍，所以這學問才有四方的發展，嚮上的增高。[一]

他這裏所强調的材料的擴充、方法的進步，尤其舉出研究中國「四裔問題」上西方學術界的重視與所獲成績的例子，實際上都暗含着兩層意思在内：其一，是倡導重視除文獻材料之外地下材料的出土，號召學人不讀死書，而要「動手動脚到處尋找新材料」，才有可能拓展學術空間，「隨時擴大舊範圍」。西方學者古書遠遠不如中國人讀得好，却能够不斷拓展新領域，取得新成績，這是一個重要的原因。其二，是主張將研究空間從傳統的中原地區嚮着邊疆地區（亦即舊籍中的「四裔」）拓展，認爲這將是中國學術未來發展的方嚮。他尤其提到的匈奴、鮮卑、突厥、回紇、契丹、女真、蒙古等問題，都是國人重視不足，但「在歐洲人却施格外的注意」的新問題。直到今天看來，傅斯年先生所倡導的這個方嚮，也仍然具有深遠的戰略眼光。民國時期學術所受海外漢學的影響是多方面的，而其中對於中國邊疆、民族和中外文化關係等方面的研究成果尤其引人注目，也爲時人所重視，都與這個時代背景有着密切的關係。

近代以來，西方學者（包括被國人視爲「東洋」的日本學者在内）的一批學術著作陸續被翻譯成中文出版，成爲當時國人瞭解西方並從而反觀自身的一面鏡子。其中，被選入本套近代海外漢學名著叢刊的許多名

[一] 傅斯年：歷史語言研究所工作之旨趣，國立中央研究院歷史語言研究所集刊第一本第一分，民國十七年十月。

家著作，堪稱其代表之作。這當中，有對中國古代民族史進行深入研究的白鳥庫吉著康居粟特考、帕克（E.H.Parker）所著匈奴史、津田左右吉著渤海史考等名著，也有涉及中國古代民族制度文化史的箭内亘著元朝制度考、元代經略東北考等系列研究專著。尤其是在中外文化交流和關係史方面，日本學者桑原騭藏著唐宋貿易港研究、木宫泰彦著中日交通史等著作，都開啓了這個領域的研究先河，影響甚爲深遠。

這批海外漢學名著的學術特點非常突出，一方面，它們大都充分利用了豐富的中國古代歷史文獻進行精深的文本分析，體現出作者的漢學水平和深厚的古文獻根基；但另一方面，從總體的研究方法上却與傳統的中國學術大相徑庭，作者已經不再像二十四史的史家那樣仍舊站在中原王朝正統史觀的立場來觀察所謂「四裔」，進行粗綫條的描述，而是以西方考古學、人類學、社會學等全新的研究方法和理論對研究對象從歷史語言、地理環境、社會組織結構、人群遷移流動、對外文化交流等不同的層面和角度加以剖析，從而展示出前所未有的學術新格局。在這批著作中，還有一部分屬於作者實地考察的行記，如鳥居龍藏所著東北亞洲搜訪記等，無論其學術水平如何參差不齊，但都體現出西方學術界重視田野工作、擴大和豐富新材料的研究取嚮，也和當時西方學者大規模進入我國邊疆地區開展所謂「考察」、「探險」活動的歷史背景相互呼應，由此對中國學人所產生的激烈震蕩和隨之而來「敦煌學」、「西夏學」、「蒙古學」、「藏學」等新的研究領域的形成，應當説都與之不無關係。

我們不能不注意到，在這批海外漢學名著中，日本學者的著述頗豐，這個特點也反映出近現代學術史上「東洋」與「西洋」之關係。自明治維新以來，日本以「脱亞入歐」爲國家目標，不僅在政治、經濟和軍事上努力以西方爲效仿和追趕對象，在文化上也與傳統的「以中國文化爲師」的模式拉開距離，出現了學術文化上的明顯轉型。在嚮西方學術學習借鑒方面，日本的確走在了中國的前頭，甚至承擔了嚮中國「轉手」輸入西方文化的「中間人」的角色。在中國的邊疆、民族、中西交通史等方面，日本學術界和西方學術界聯繫緊密，將其對中國傳統史籍的精深理解和西方研究範式的具體實踐有效加以結合，產生出一批重量級的學術成果，這也是清末民初投射在中國學術史背景上的一個濃重剪影。

當然也無須諱言，由於時代的局限，這套叢書所能够借以參考、使用的實物史料隨着地上地下考古文物的不斷發現，已經顯得落後。自二十世紀五十年代以來，中國學者在邊疆考古領域取得了重要的成績，尤其是在新疆、西藏、内蒙古、東北各地的田野工作爲匈奴、鮮卑、粟特、吐蕃、突厥等若干古代民族問題的研究都提供了大量新材料，提出了不少新問題。但是我們不能苛求前人，放在當時的歷史背景之下來看，叢書作者所顯現的問題意識、史料運用和研究方法，至今也仍然是具有借鑒作用的。

最後我們還應注意到，這批海外漢學著作的譯者有些是國人知曉的史學名家，如向達先生、趙敏求先生、方壯猷先生等，他們均具有深厚的傳統國學根底，也具有寬廣的國際視野，其中如向達先生曾遊學歐洲多國，在敦煌學、中西文化交流史研究等方面建樹卓越。但是，也還有更多的編譯者今天已經不再爲人知曉，這反而證明了一個事實：在清末民初這個中國近現代學術史轉型時期，西方學術所帶來的衝擊和影響，不僅僅波及少數學術精英，而且也深刻地震蕩着社會各個階層，中國人嚮西方學習從而變革求新、救亡圖存的强烈願望，可以説是這些譯著當年問世時最爲直接的「催生劑」。今天，在中華民族爲實現偉大的民族復興和「中國夢」的美好願景而努力奮鬥的新時代，重讀這套叢書，「温故而知新」，可以説是意味深長。

四川大學教授、博士生道師、教育部長江學者特聘教授

霍巍

作者簡介

著者

E.H.Parker（中文名莊延齡，一八四九年—一九二六年），英國漢學家。莊延齡是近代來華的一名外交官兼漢學家，曾利用其長期在中國生活的便利條件對其時的漢語方言進行了客觀的記録和研究。他的工作不僅具有極其鮮明的特色，還影響到了包括高本漢在內的一些著名漢學家，在西方漢學界的漢語史研究中佔有重要的學術地位。

譯者

向達（一九〇〇年—一九六六年），湖南溆浦人，字覺明，筆名方回、佛陀耶舍，土家族。中國著名歷史學家、敦煌學家、中外交通史專家。曾任上海商務印書館編譯所編輯、北平圖書館編纂委員會委員，在浙江大學史地系任教，也曾任昆明西南聯大歷史系教授兼北京大學文科研究所導師。著有唐代長安與西域文明及史料目録學引論、倫敦所藏敦煌卷子經眼目録、漢唐間西域及南海諸國古地理書叙録、關於三寶太監下西洋的幾種資料等。

目錄

匈奴史

第一章 匈奴之古史

東亞游牧民族之眞正歷史，其時期情勢，俱與歐洲北族約略相似。中國自發見此輩而後，繼以戰伐，於是交往日繁；而種族間相刃相盪之勢遂起，馴至邊患不絕，中國國勢因而凌夷，政治中心亦爲之播遷不常；與羅馬帝國正復相似。希臘波斯之所遇者較夙於中國羅馬，然希羅多德(Herodotus)書中所紀塞種(Scythians)之生活習慣，栩栩若繪，而中國羅馬史籍所述則率爲政治史，此其異也。然而希羅多德書中所紀，與中國史中之匈奴，羅馬史中之匈人，絲毫無殊。是故中國史中之匈奴與希臘之匈納（Oΰγγοι, or Hunnen）西方之匈人在字根上是否同源，只一語而決耳。本書僅就中國史籍所紀，整齊排比，以任學人自爲推尋，非確然有據，不漫爲揚榷也。

匈奴史蹟初見載籍之時，中國唯略知高麗、東北諸族、安南、大江以南諸土著，以及西藏游牧民族之梗概，日本緬甸暹羅印度中亞土耳其斯坦與夫南洋羣島一帶，猶茫然不識。中國斯時對外關係唯局於北方騎馬寇掠之輩而已。匈奴一辭，屢見後來正史，唯在古初，不曰匈奴而爲其他音近之字；歐西學者以爲匈奴一辭始於西元前第二世紀，其說甚謬。宋馬端臨文獻通考，力闢其非，舉二例以證匈奴一辭，在西元前第二世紀前，即用爲國名，且已聲威烜赫成爲大國。中國史家論述邊徼諸國，政治起源，輒喜歸諸中國流徙亡命之徒，以爲此輩善於適應當地風尙，重以知書識字，故易居高位，掌大權，而團結各民族以成一國云云。後世如高麗閩廣滇甘臺灣，誠如斯說；而西藏蒙古滿洲諸游牧民族中大致亦不殊也。中史謂匈奴之先出於夏后氏之苗裔曰淳維，以失行遁入北荒，建國稱王。自是以迄西元前二世紀，中國北方諸邦，屢遭此輩游牧民族侵寇之害；然其世代年系絕少紀述，今日鈎稽古籍，於此輩往略蹟窺一二；顧其蒙昧之狀，比之希羅多德之紀塞種，無以異也。斯時東胡民族尙未爲中國所知，兩者接觸，猶在數百年後，唯匈奴以泱泱大國，故知之甚悉，後來屢用突厥人或突厥塞種(Turko-Scythian)之名以稱匈奴帝國中各同種部落；然在西元後第五世紀以前，猶無突厥之名，漫以此稱往昔匈奴，將不免通人之譏矣。韃靼一辭或稱塔塔，或稱韃子，中史用此殊爲含混，而其見於史籍，亦在西元後第二世紀，其始此辭僅指一小部落而言，與突厥同。是故匈奴與匈（Hun）是否一辭，今姑不論，要之中國人對於北亞騎馬食肉飲酪之游牧民族，除匈奴一辭外，並無他名以稱之，此與匈奴勢力失墮，爲中國所驅，西行而入於北歐以後，北歐除匈以後之無他名以稱此輩騎馬食肉飲酪之游牧民族，則可決也。復次，希羅多德所述與希臘波斯接觸之塞種，與中國之匈奴，歐洲之匈人正同，則屏去其他紛異之證，而謂此三者在種族上彼此息息相關，固至爲合理之結論也。

匈奴以馬背爲家，隨畜牧而轉移。其畜之所多則馬牛羊，其奇畜則橐駞、驢、驘，駃騠、騊駼、驒騱；亞述（Assyria）中亞之野驢，當亦有之。逐水草遷徙，無城郭常處耕田之業；然亦各有分地。無文書，以言語爲約束。兒能騎羊，引弓射鳥獸；少長則射狐兔，用爲食。士力能彎弓，盡爲甲騎。自君王以下，咸食畜肉，衣其皮革，被旃裘；壯者食肥美，老者食其餘；貴壯健，賤老弱。父死，妻其後母；兄弟死，皆取其妻妻之；韃靼此俗，歷千數年而不衰。至於子與兄弟，孰得先取，尚未之知；大約無子則歸兄弟，無兄弟則歸子耳。其俗無事則隨畜因射獵禽獸爲生業；有急則人習戰攻以侵伐，利則進，不利則退，不羞遁走；蓋其戰略，不外突擊詐敗與夫埋伏而已。中史稱其苟利所在，不知禮義；短刀相接，則有劍及匕首以爲利器。古史或稱其冬則穴居，此或特指東胡而言也。

韃靼民族中亦復戰伐不絕，唯古紀蒙昧，難得其概。要之自西元前一千四百年至西元前二百年之間，中國與此輩游牧民族戰爭之事，時見古籍，時期亦可見梗概，雖所述簡略，固可視爲信史；至於年代不定，不足爲病，中國史籍亦自西元前八二八年（周共和十四年）以後，年歲始有可徵也。今日中國如陝西山西河北諸省之北部，在當時俱爲此輩游牧民族牧馬之區；終戰國之世（西元前七〇〇——二〇〇年），中國與此輩常保其平等之勢。周室自天子以至諸侯，先後數與此輩游牧民族藉和親以保其安謐，而趙武靈王且胡服騎射，以效之也。現今又有一字源問題，卽所謂東胡（此辭大率用以稱契丹滿洲以及高麗之先世而言，與以匈奴指突厥回鶻黠戛斯之先世而言正同）一辭是否與歐洲之通古斯（Tungusic or Tunguz）一辭是否同源是也在此不欲爲詳細之討論，今只略述其概。案俄文此字與中文意義正同，故二字語根若非同出一源，則當屬非常巧遇之事。此外尙有一點，亦可見中國邊陲諸邦漸染韃靼思想之深也。趙襄子曾漆智伯之頭以爲飲器，此事深悖孔子禮教之觀念，而與匈奴塞種之習則甚近也。西元前第三世紀，嬴秦統一以前，趙國奄有今日山西河北兩省之地，名將李牧戍邊，以誘敵之策大破匈奴，殺十餘萬騎。秦滅六國而後，蒙恬將十萬之衆北擊胡，今河套一帶號稱鄂爾多斯旗之地，當時所謂河南地者，本已淪於異域，至是俱爲所復。胡人遁走漠北。蒙恬因河爲塞，築四十四縣城臨河，徙適戍以充之，而通直道，自九原至雲陽，因邊山險塹谿谷可繕者治之，起臨洮（今甘肅蘭州府地）至遼東萬餘里築長城以防胡。長城至今大致完好，現代中國地圖率可見此。自長城築後，沿邊奇異之地名，常因代而不同。然在又一方面讀史者應知此長城者實一大血線也，埋骨其間，無代或絕，千餘年來，魂遶邊塞者奚止百萬。然而長城之築，固不自蒙恬始；趙武靈王築長城，自代竝陰山下，至高闕爲塞；秦亦築長城以拒胡。東則燕（今北京平原一帶）亦築長城，自造陽至襄平；其後蒙恬以三十萬衆戍邊塞，築長城，要不過增修前人之舊，而聯之爲一而已耳。後來諸朝代有繕修，向東擴展；今日離北京三十哩所見之長城，大都爲後來所修；二千年前之古長城，唯見於西北邊陲一帶，然已廢圮無餘矣。

第二章 冒頓之御宇

秦始皇卽位，以長馭遠駕之才，爲攘夷安邊之略，於是匈奴遠遁漠北，不復爲邊患者久之。始皇焚書抗儒，爲後世詬病，然其影響所及，不盡爲無益也。焚書而後，古籍淪亡，制度失墜，欲使政事不至停滯，意旨可以傳達，則不得不另謀創造一種簡易之書體，輕便之文具，以代昔日之竹簡漆書鳥文古篆。於是蒙恬乃改良往昔之竹筆而另製毛筆。而匈奴斯時又別逢一勁敵，曰月氏(Yüeh-Chih or Ephthalites)者，其聲勢之盛蓋不亞於中國也。月氏人始居於今甘肅之西陲，秦統一後始見知於中國。當秦始皇時，匈奴之頭曼單于(Jenuye Deuman) 在位，匈奴史事之眞實可考，蓋亦始於頭曼之時也。西元前二一〇年，秦始皇崩。先是始皇祖昭襄王在位五十六年，秦之強盛，始基於此，迄始皇立，席先世之餘蔭，遂告統一之大業。既崩，秦帝國漸成瓦解之勢，國內大亂，擾攘四年，將帥互相殺伐，以覬覦帝位；諸秦所徙適邊者皆復去。於是頭曼單于遂乘勢崛起，努力恢復往日之盛，漸逾大漠南侵，今甘肅東部鄂爾多斯旗一帶，復爲所有，而與中國界於故塞。單于有太子名曰冒頓（Baghdur），富於才。後有愛閼氏生少子，單于寵愛閼氏，因許立其子。乃使冒頓爲質於月氏。冒頓既質，頭曼急擊月氏；月氏欲殺冒頓。冒頓悉其謀，盜月氏善馬，騎已歸。頭曼以爲壯，令將萬騎。冒頓心怨其父之置彼於絕地也，謀所以報復之方，迺作鳴鏑，習勒其騎射。令曰，「鳴鏑所射而不悉射者斬。」行獵獸有不射鳴鏑所射，輒斬之。已而冒頓以鳴鏑自射善馬，或莫敢射，冒頓立斬之。居頃之，復以鳴鏑自善其愛妻，左右或頗恐，不敢射，復斬之。冒頓出獵，以鳴鏑射單于善馬，左右皆射之；於是冒頓知其左右可用。從其父頭曼獵，以鳴鏑射頭曼，其左右皆隨鳴鏑而射殺頭曼。盡誅其後母與弟及大臣不聽從者，於是自立爲單于。

是時東胡強，稍亞於匈奴，大漠千里，亘於其中，以爲天塹。既聞冒頓殺父自立，乃使使告冒頓，欲得頭曼時號千里馬，所以爲不討其殺父之罪之酬也。冒頓問羣臣，羣臣皆曰，「此匈奴寶馬也，勿予。」冒頓曰，「奈何與人鄰國愛一馬乎！」遂予之。頃之，東胡以爲冒頓畏之，使使謂冒頓曰，「欲得單于一閼氏。」冒頓復問左右，左右皆怒曰，「東胡無道，乃求閼氏，請擊之。」冒頓曰，「奈何與人鄰國，愛一女子乎！」遂取所愛閼氏予東胡。東胡王愈驕西侵，與匈奴中間有棄地莫居千餘里，各居其邊爲甌脫。東胡使使謂冒頓曰「匈奴所與我界甌脫外棄地，匈奴不能至也，吾欲有之。」冒頓問羣臣。或曰，「此棄地予之。」於是冒頓大怒曰，「地者，國之本也，奈何予人！」諸言予者皆斬之。冒頓上馬，令國中有後者斬；遂東襲擊東胡。東胡初輕冒頓，不爲備。及冒頓以兵至，大破滅東胡王，虜其民衆畜產。東胡餘衆乃退保於今北京附近之蒙古東北高原中，休養生息，後來遂寖成爲大國，本書後將述及，茲不贅也。而匈奴、東胡、突厥、回鶻、契丹、蒙古、滿洲諸族之疆域種性，皆時有更易，要難確指。一次大戰而後，敗亡者則婦女夷爲妻孥；少壯則更爲戰士，雖仍統以本族，然已臣於勝者；老弱之徒則淪爲奴役，牧飼牲畜；牲畜之屬則歸於新主。若干年後，新主衰滅，則形勢復易；此爲研究游牧民族歷史者所不可不知者也。此輩游牧民族主奴生活，大致不殊，唯奴者役於人，而主則自樂，是爲異耳。婦女易夫，習爲故常，不必自願也。是故匈奴東胡雖自有其大別，然語言既已混合，種族亦已交雜，習俗亦潛移默化，同化於無形矣。至今東胡一族，已完全消滅。而在當時則中國除匈奴而外，於東胡之風俗習慣初不之知，其後數百年，兩者尚無若何關係也。

冒頓者，誠一四征不庭之雄主，稱之爲韃靼族之漢尼拔（Hannibal）亦可無愧者也。歐西有識之士輒云「世界雄主」，「奄有萬國」，實則其所云之世界天下，不過地中海之一隅，或偶一及於非洲波斯以及高盧（Gaul）而已。居魯士（Cyrus）之與亞歷山大（Alexander），大留士（Darius）之與薛西斯（Xerxes），凱撒（Caesar）之與龐培（Pompey）俱曾四征不庭，事業烜赫，震驚一世；然以之與東亞所演者相較，其動人心目，曾未能有以過之也。西洋文明在美術科學兩方面之進步，固非中國所能望其項背，然而中國文史之學，卓絕一世，而尙禮貌，重衣飾，長於治國之術，此亦非歐洲所能企及者也。要之遠東之歷史，其重要較之泰西，並不多讓，唯在善讀者耳。韃靼之於中國，關係絕爲繁重，吾輩苟能屏除成見，而認識韃靼史事之重要者，則於中國之忽視歐洲人所視爲天下之地中海裏海一帶史事，當亦爲之釋然也。

冒頓既破滅東胡，歸而西擊走月氏，月氏遂遠遁西南。悉復收秦所奪匈奴故地，與漢故河南塞，至朝那膚施，遂侵燕代。是時冒頓所轄控弦之士號三十萬，廬帳人民之數，可想見矣。丁零堅昆（今貝加爾湖及黑龍江一帶）俱爲所有；唯中史於此輩殊域民族，都未之及，今日推尋，大概點戛斯高車（後稱回鶻，）鄂倫春（魚皮韃靼）諸族，悉臣服於冒頓；而黠戛斯之臣屬，尤爲無疑也。

匈奴世姓官號稱其王曰撐犂孤塗單于（Tengri Kudu Jenuye）意謂天單于也。匈奴謂天爲撐犂，子爲孤塗；今突厥文及蒙古文猶以 tengri （撐犂後來譯騰格里）指天而言；至於 Kudu(孤塗)一辭，則今突厥學人猶不得其解云。單于自鎮中權，而以二屠耆（Dugi）分鎮東西。匈奴謂賢曰屠耆，東西屠耆謂左右賢王也。常以太子爲左屠耆，位最崇。賢王以下，有左右谷蠡王(Left and Riqgt Rukle)，左右大將，左右大都尉，左右大當戶，左右骨都侯（Left and Right Ruttu Marquisses）。自左右賢王以下至當戶，大者萬餘騎，小者數千，凡二十四長，立號曰萬騎。左右賢王及左右谷蠡王是曰四角（Four horns），外有六角。是皆爲單于之戚族，與成吉斯汗及大莫臥兒帝國時之白角（Whiti horn）同其致也。谷蠡之義未詳，骨都亦作骨都盧(Kutuluk)，其後更千餘年，音猶不殊；即今日突厥文中之 Kutluk，其意爲福，或云吉祥。匈奴以左右賢王左右谷蠡王爲最大國；左右骨都侯輔政。諸二十四長亦各自置千長百長什長裨小王相都尉當戶且渠之屬。單于之后稱曰閼氏（Inchi），大率取自呼衍氏蘭氏及須卜氏；此三姓其貴種也。匈奴小官名稱浩繁，今不詳述。且渠（Tsugu）一辭爲匈奴與後來突厥人之連續，說亦見後。俗至五月大會龍城；此與馬哥孛羅時蒙古之庫里爾泰大會正同。既會於龍城，祭其先天地鬼神。以此與單于之天子封號比觀之，則古初匈奴與中國人之宗教觀念，亦可得其大凡矣。入秋馬肥，又大會於蹛林，課校人畜計。其法拔刃尺者死，坐盜者沒入其家；有罪小者軋，大者死，獄久者不過十日，一國之囚不過數人；皆決於龍城蹛林二大會。會時行馳馬競駝之戲。單于朝出營，拜日之始生，夕拜月。其坐貴左，如中國。或又謂匈奴俗尙右，而單于坐而北鄉，中國帝皇則南面而坐，此甚可疑。要之二賢王中以左賢王爲最尊，則可決也。日之位置，常爲吉凶所關，曆日中數數記中。舉大事則候星月，月盛壯則攻戰，月虧則退兵。其攻戰，斬首虜賜一卮酒，而所得鹵獲因以予之；得人以爲奴婢。又謂戰而扶與死者，則盡得死者家財。其送死，有棺槨金銀衣裳，而無封樹喪服；近幸臣妾從死者多至數十百人（此當係送喪而非殉葬，吉明（Gibbon）曾述及粟特（Sogdiana）嚈噠人殉葬之俗，秦偏處西陲，吸受夷風，亦有殉葬之俗也）。名家曰豆落（dörok）云。

冒頓既東敗東胡，西走月氏，北服渾庾屈射丁零鬲昆薪犂諸國，於是匈奴貴人大臣皆服，以爲賢。是時漢初定，中國徙韓王信於代都馬邑，匈奴大攻圍馬邑，韓王信降匈奴。匈奴得信，聲勢愈張，因引兵南踰勾注，攻太原至晉陽下。漢高祖劉邦既剷平羣雄，躋登大位，因自將兵往禦之，會冬大寒，雨雪，士卒之墮指者十二三。冒頓知可乘，遂佯敗走，誘漢兵。漢兵逐擊冒頓；冒頓匿其精兵，見其羸弱，於是漢悉兵，多步兵，三十二萬，北逐之。高祖先至平城（今山西大同），步兵未盡到；冒頓縱精兵四十萬騎圍高帝於白登七日，漢兵中外不得相救。據謂冒頓以白青烏騂四色騎圍白登西東北南四方云。冒頓之圍白登也，亦如六百年後匈奴阿提拉（Attila）之於沙龍（Châlons）一戰然，足智而多疑，以爲漢將以計誘之；高祖窺其隱，乃使使間厚遺閼氏。閼氏因勸冒頓，解圍之一角；於是高祖令士皆持滿，傅矢外向，從解角直出，竟與大軍合。冒頓知漢帝不可得，引兵而去，漢亦引兵而罷。其後漢乃遣劉敬使匈奴，與結和親之約，奉宗室女公主爲單于閼氏，歲奉以絮繒酒米食物各有數。按和親之議，創於劉敬，意以中國公主爲匈奴閼氏，後將大利於漢；其實不然，和親之策，反愈足以疎兩者之誼，驗之五百年後，劉淵石勒之流，俱以匈奴入據中夏，其效蓋可見矣。

高祖時，以用和親之策，匈奴寇邊，稍減於前。高祖既老，亦如匈奴頭曼單于然，寵戚夫人，欲立其子；高祖崩，高后呂氏乃殺戚夫人及其子趙王；孝惠死，遂自秉國政者歷十年。中國降人因教冒頓爲書，使使遺高后，辭頗褻嫚。呂后大怒，召丞相及樊噲季布等，議斬其使者，發兵而擊之。樊噲請得十萬衆，以橫行匈奴中。季布力阻，以爲高祖以三十餘萬衆，尙有平城之敗，天下羣歌以諷，今里巷歌唫之聲未絕，傷痍者甫起，烏能無匈奴抗。呂后善其言，用婉書報冒頓，以年老氣衰，髮齒墮落行步失度爲辭，別以御車二乘馬二駟奉冒頓。冒頓奉書，頗慚其無禮，因作書自謝，並獻馬，遂和親。至孝文帝以高祖中子卽大位（西元前一八〇年），冒頓以爲可欺，文帝三年夏，匈奴右賢王遂入居河南地爲寇。南越王趙佗其時奄有今西粵安南地，亦因呂后崩，以兵威邊。文帝遣使以書諭匈奴及南越，彬彬有禮，而意旨嚴切，匈奴南越皆爲之翕服。匈奴復漢書有云「罰右賢王，使至西方求月氏擊之。以天之福，吏卒良馬力強，以夷滅月氏，盡斬殺降下定之。樓蘭烏孫呼揭（卽今羅布泊塔爾巴哈臺及賽蘭海一帶地）及其旁二十六國，皆已爲匈奴；諸引弓之民，並爲一家」云云。蓋淸代長城以外之地，除西藏外，皆歸其版圖矣。復書又曰，「皇帝卽不欲匈奴近塞，則且詔吏民遠舍使者至卽遣之」云云。冒頓書既至，漢議擊與和親孰便。公卿皆以單于新破月氏，乘勝不可擊，因於文帝前六年（西元前一七三年）復書問「匈奴大單于無恙」，幷餽以繡袷綺衣長襦錦袍比疏黃金飾具帶黃金犀毗繡錦赤綈綠繒之屬。冒頓在位凡三十六年，子稽粥(Kayuk)立。

第三章　與中國爭霸時期

稽粥，號曰老上單于。老上稽粥單于初立，文帝復遣宗人女翁主爲單于閼氏，使宦者燕人中行說傅翁主。說不欲行，漢強使之。說曰，「必我行也，爲漢患者！」中行說既至匈奴，因降單于，單于愛幸之。初單于好漢繒絮食物，中行說因說之曰，「匈奴人衆，不能當漢之一郡；然所以彊者，以衣食異，無仰於漢也。今單于變俗好漢物，漢物不過十二，則匈奴盡歸於漢矣。」其得漢繒絮，以馳草棘中，衣袴皆裂敝，所以示其不如旃裘之完善也。得漢食物皆去之，以示不如湩酪之便美也。於是說教單于左右疏記，以計課其人衆畜物。漢遺單于書牘以尺一寸，中行說令單于遺漢書以尺二寸牘，及印封皆令廣大長，倨傲其辭曰「天地所生日月所置匈奴大單于」云云。漢使或詆匈奴俗，賤老。中行說窮漢使曰，「而漢俗屯戍從軍當發者，其老親豈有不自脫溫厚肥美，以齎送飲食行戍乎？」漢使曰，「然。」中行說曰，「匈奴明以戰攻爲事，其老弱不能鬬，故以其肥美飲食壯健者；蓋以自爲守衛，如此父子各得久相保。何以言匈奴輕老也！」漢使復曰，「匈奴父子乃同穹廬而臥；父死妻其後母，兄弟死，盡取其妻妻之；無冠帶之飾，闕庭之禮！」中行說曰，「匈奴之俗人食畜肉，飲其汁，衣其皮。畜食草飲水，隨時轉移。故其急人習騎射；寬則人樂無事。其約束輕易行也；一國之政猶一身也，父子兄弟死，取其妻妻之，惡種姓之失也。故匈奴雖亂必立宗種。今中國雖詳，不取其父兄之妻，親屬益疏則相殺，至乃易姓，皆從此類。且禮義之敝，上下交怨望，而室屋之極生力必屈。夫力耕桑以求衣食，築城郭以自備；故其民急則不習戰功，緩則罷於作業。嗟土室之人！顧無多辭令喋喋而佔佔。冠固何當？」中行說之言，蓋與阿提拉所寵倖之羅馬流人溫涅吉西烏斯(One-Gesius)之解放人所言者正同，蓋亦舉羅馬帝國之失德而諷副使普立斯克斯(Priscus)者也。自是之後，漢使欲辯論者，中行說輒曰，「漢使無多言！顧漢所輸匈奴繒絮米蘗，令其量中必善美而已矣！何以爲言乎？且所給備善則已；不備苦惡，則候秋孰，以騎騎蹂而稼穡耳。」於是說日夜教單于候利害處。

稽粥單于卽位之七年，是爲孝文帝十四年，乃將十四萬騎入朝那蕭關（今陝西南部涇河流域），殺北地都尉印，虜人民畜產甚多，遂至彭陽，使騎兵入燒回中宮，候騎至雍甘泉。漢因大發車騎往擊胡。單于留塞內月餘，漢逐出塞卽還，不能有所殺。匈奴日以驕，歲入邊殺略人民甚衆。漢不得已復言和親事，重申「長城以北引弓之國受令單于，長城以南冠帶之室朕亦制之」之約。

大月氏本居敦煌祁連間（今羅布泊及青海間），至冒頓單于攻破月氏，而老上單于殺月氏。大月氏因從今日火州（Kuldja）附近越天山，過大宛（卽烏孫一帶，今科布多及伊犂一帶，與大月氏同族，亦自甘肅移來者），經熱海（Issekul）石國（Taskhend）及犂軒海（Sea of Arol）然後東南擊大夏（Bactria今Tocharoi）而臣之，都嬀水（Oxus）北爲王庭。

希臘人自亞歷山大（Alexander the Great）東征以後，建國大夏，最後一主曰赫里歐克理斯（Heliocles）其逝世當亦在斯時也。自赫里歐克理斯逝後，安息（Parthians）月氏遂分據大夏。月氏據大夏，分其國爲休密雙靡貴霜肹頓都密五部翖侯。其後貴霜翖侯丘就郤滅其餘四部，侵安息，取高附地，又滅濮達（Pamir）罽賓（Kashmir）。丘就郤死，子閻膏珍立，復滅天竺（Punjaub）。自此以後，月氏最稱強盛，蔚爲大國，西洋史家稱之曰 Haithals, Viddhals, Abdals 或

Ephthalites or Hephthalites帝國，中史則稱之爲嚈噠。要之歐洲波斯中國之史家其所述於此大都無異辭。清代史家考證以爲今日之阿富汗即第五世紀之嚈噠，而嚈噠即爲古時之月氏云。至於科布多一帶之烏孫，則不易證也。歐洲學者亦有從對音方面疑其爲 Eusenü或Edones者。最近中國學者以爲即俄羅斯，此說甚謬。謂今俄屬之 Ferghana 爲古烏孫之一部則可耳。余意以爲二千年前中國史家所云之烏孫即 Awsen或 Orson 之譯音；後來烏孫一辭亦不復見於中籍，在中國史上亦不復發生何等影響。關於烏孫在研究葱嶺以西諸國與中國之關係時，可再爲討論。今茲所述僅屬於中部東部及天山以西韃靼之史蹟，故不煩多贅。要之匈奴老上稽粥單于在位時，月氏爲所破滅，以月氏王頭爲飲器，月氏餘族用遠遁而西云。

漢文帝後元二年（西元前一六二年），老上單于死，其明年子軍臣（Kyundjin）單于立；中行說復事之。漢復與匈奴和親。軍臣單于立歲餘，匈奴復絕和親，大入上郡雲中各三萬騎，所殺略甚衆。其後歲餘，文帝崩，景帝立。是時趙王陰使於匈奴；吳楚反，欲與合謀入邊。漢圍破趙，匈奴亦止。自是景帝復與匈奴和親，通關市，給遺單于，遣翁主，如故約；終景帝世，時時小入盜邊，無大寇。武帝即位（西元前一四〇年），明和親約束厚遇關市，饒給之。匈奴自單于以下皆親漢，往來長城下。漢使馬邑人聶翁壹（馬邑距六十餘年前高祖被圍之彭城不遠），間闌出物與匈奴交易，陽爲賣馬邑城以誘單于。單于信之而貪馬邑財物，迺以十萬騎入武州塞。漢伏兵三十餘萬馬邑旁，以伏單于。單于既入漢塞，未至馬邑百餘里見畜布野而無人牧者。怪之，乃攻亭。時雁門尉史行徼，見寇，保此亭。單于得，欲刺之，尉史知漢謀，乃下，具告單于。單于大驚，曰，「吾固疑之！」乃引兵還出，曰，「吾得尉史天也！」以尉史爲天王。漢兵約單于入馬邑而縱兵，單于不至，故無所得。將軍王恢部出代擊胡輜重，聞單于還，兵多，不敢出。漢以恢本建造兵謀而不進，誅恢。自是後，匈奴絕和親，攻當路塞，往往入盜於邊，不可勝數。元朔二年（西元前一二七年）冬，軍臣單于死，其弟左谷蠡王伊稺斜（Ichizia）自立爲單于，攻敗軍臣單于太子於單。於單亡降漢，漢封於單爲陟安侯，數月死。

伊稺斜單于以得漢降人助，數寇盜邊，侵擾朔方。漢亦屢遣大軍深入胡地，得首虜牛羊無數。今日甘肅省之大部分，即多於斯時入漢版圖者也。而元狩二年（西元前一二一年）票騎將軍霍去病將萬騎出隴西，過焉耆山千餘里，得胡首虜八千餘級，且獲休屠王祭天金人。

中國學者之論休屠王祭天金人也，有謂卽佛像者；有謂二百年後漢明帝夢感金人，於是佛教因而傳入中國，蓋以此爲其徵兆也。要之中國之知有今日阿富汗印度以及佛教，實以此諸役爲之先導。而佛教東來，其取涂乃自今日之旁遮普（天竺）帕彌爾（葱嶺以西諸國）而經喀什噶爾準喀爾（Kushgaria-Sungaria）大道以入中國。至於緬甸（驃國）、雲南（滇）當時尙未甚知，而西藏（西羌）在政治上尙未成國也。今於西域諸國之形勢，略述梗概如次。

自月氏爲匈奴所逐而西，塞北諸族統於匈奴，遂與收羊之羌種相接以侵寇漢邊。於是漢家亭障，遠及西陲，以圖斷匈奴右臂，而阻兩族聯合之勢。建元五年（西元前一三六年）張騫建聯月氏以攻匈奴之策，始使西域，中途爲匈奴所俘，爲囚十年。其後烏孫強大，不服屬匈奴；騫因從烏孫走大宛（今浩罕 Kokand 地），大宛有城郭居民，非復逐水草而居也。騫旣至大宛，說其王送之至大月氏；大宛爲護譯道抵康居(Samarcand)，康居傳致大月氏。大月氏與安息(Arsac or Parthia)鄰。時大月氏王已爲胡所殺，立其夫人爲王。大夏(Bactria or Tocharoi)已臣屬大月氏。大月氏以地肥饒，少寇，志安樂，又自以遠，遠漢，殊無報胡之心。騫從月氏至大夏，竟不能得月氏要領。留歲餘還，並南山，欲從羌中歸（取今和闐羅布泊道歸國），復爲匈奴所得。留歲餘，單于死，國內亂，騫因亡歸漢。以其所歷諸國及所知天竺安息事告帝。據中史所紀，騫並不知佛教，唯在大夏時，見卭竹杖蜀布，係大夏賈人市之於身毒國者。騫意以爲大夏去漢萬二千里，居西南，今身毒又居大夏東南數千里，有蜀物，其去蜀當不遠。漢使至大夏，從羌中險，羌人惡之，少北則爲匈奴所得；從蜀宜徑，又無寇。自蜀通印度，今日旅行家不乏爲之者，騫之言蓋非虛也。武帝既聞大宛及大夏安息之屬，皆大國，多奇物，土著頗與中國同俗，而兵弱，貴漢財物；其北則大月氏康居之屬，兵彊，可以利誘之入朝。乃以騫言爲然，令自蜀之犍爲發閒使，四道並出。出駹，出莋，出徙卭，出僰；皆各行一二千里。其北阻於氐莋，南方則閉於嶲昆明，然卒通滇越。其後漢擊匈奴，騫以校尉從軍，知水草處，軍得以不乏。又爲使使烏孫，說其王以東居敦煌祁連間故地，與漢合兵攻匈奴，以斷匈奴之右臂。元狩二年（西元前一二一年）李廣擊匈奴之役，騫亦與俱。迄使烏孫，分遣副使使大宛康居月氏大夏諸國；其後一二歲，騫卒。騫卒後，漢益發使抵安息奄蔡犛靬條支身毒諸國；安息身毒以外諸國，或以爲屬於外嬀水、流域一帶（Transoxianian System），尚未能定，要之今日之啓利亞（Keria）當時漢家使節必曾一至其地也。太初間，漢命貳師將軍李廣利將大兵攻大宛，求天馬，復與匈奴戰，以爭今哈剌沙爾（Harrashar）地。以上所述皆所以明佛教之傳入中國，乃以韃靼民族爲其中介也。其他有關於土耳其斯坦一帶之古史，別有文見亞洲季刊（Asiatic Quarterly Review），今不贅。元狩二年（西元前一二一年）春，匈奴入犯右北平定襄。三年春，匈奴單于聽翕侯（Jabgu）信之計，移居漠北（大約在盧朐河附近），以爲漢兵不能至。單于聞漢兵謀絕漠擊匈奴，乃遠其輜重，以精兵待於漠北；此與希臘希羅多德所紀塞種之以精騎迎波斯軍於距多腦河（the Danube）三日程處，其爲策正同。單于與漢兵戰一日，度戰不如漢兵，遂獨與壯騎數百潰漢圍西北遁走。漢兵夜追之不得，行捕斬首虜凡萬九千級，北至窴顏山趙信城而還。單于之走，久不與其大衆相得，右谷蠡王以爲單于死，乃自立爲單于；眞單于復得其衆，右谷蠡乃去號。當時漢兵所至之窴顏山趙信城，當卽今日之庫倫地方。漢將封碑於狼居胥山，山在今鄂爾多斯旗北，所謂喀喇那林（Kara Narin）者是也。（十九世紀時俄人曾在鄂爾渾河（Orkhon

River）附近發見三體文石碑一，所紀爲唐代突厥事，後將述沒，茲不贅。）自是役以後，匈奴遠遁，而漠南無王庭；漢度河自朔方以西至令居（今河套以西阿拉善旗一帶），往往通渠，置田官，吏卒五六萬人，蠶食邊地，漸接匈奴以北。然漢自兩將大出圍單于，所殺虜匈奴雖八九萬，而漢士物故者亦萬數，漢馬死者十餘萬匹；匈奴雖病遠去，漢馬亦少，無以復往矣。後單于用翕侯趙信計，遣使好辭請和親。武帝下其議，或言和親，或言遂臣之。丞相長史任敞曰：「匈奴新困，宜使爲外臣，朝請於邊。」漢使敞使於匈奴，單于聞敞計，大怒，當之不遣。先是漢亦有所降匈奴使者，單于亦輒留漢使相當。漢方復收士馬，會票騎將軍霍去病死，於元狩六年（西元前一一七年），於是漢久不北擊胡。元鼎三年（西元前一一四年），伊穉斜單于立十三年死，子烏維（Achvi）立爲單于。

是時漢武帝始出巡狩郡縣，以方南誅兩越，無暇顧北邊，不擊匈奴。元封元年，武帝巡邊，親至朔方，勒兵十八萬騎，以見武節，而使郭吉風告單于；與羅馬之遣使阿提拉羅柏魯（Rubruqirs）之使和林（Caracorum）約同。吉既至匈奴，匈奴主客問所使，郭吉卑體好言曰：「吾見單于而口言。」單于見吉，吉曰，「南越王頭，已懸於漢北闕下。今單于卽能前與漢戰，天子自將兵待邊；卽不能，亟南面而臣於漢。」單于大怒，立斬主客見者，而留郭吉不歸，遷辱之北海(Lake Baikal)上。而單于終不肯爲寇於漢邊，休養士馬，習射獵，數使使甘言求和親。漢使王烏等匈奴。匈奴法：漢使不去節，不以墨黥其面，不得入穹廬。〔按查士丁第二(Justin II)使齊馬卡斯(Zimarchus)使突厥酋長底查布爾(Dizabul)，先潔以火，然後入幕，似亦此意也〕。王烏北地人，習胡俗，去其節，黥面入廬，方見單于云是時漢東拔濊貉朝鮮以爲郡，而西至酒泉郡，以隔絕胡與羌通之路。又西通月氏大夏；以翁主妻烏孫王，以分匈奴西方之援國。又北益廣田至眩雷爲塞（幾至今塔爾巴哈臺，此時猶爲匈奴一屬國也），沿今達疏勒莎車之南北兩道間，比比皆是。漢又使使人楊信至匈奴。單于欲召入，信剛直屈強，不肯去節，乃坐穹廬外見之。信說單于以和親，欲單于以太子爲質於漢。單于以爲故約漢常遣翁主，給繒絮食物有品，以和親；匈奴用不擾邊。今乃欲反古，以太子爲質，安得冀其和好。而單于又諂漢以甘言，欲得漢貴人使，方與誠語；實則取報復之策。漢於匈奴使有不善，匈奴必報之相當。同時給漢使以欲入漢，見漢帝面相結爲兄弟。然而漢使至匈奴，單于疑其與己不利者輒留之，且數俟隙，以奇兵侵犯漢邊也。

第四章　衰敗時期

元封六年（西元前一〇五年），烏維單于立十歲死，子詹師廬（Chimsiru）立；年少，好殺伐，號爲兒單于。匈奴是時，似不復能羈縻東胡，於是單于益西北，左方兵直雲中（今山西大同屬），右方兵直酒泉敦煌。於是匈奴據有今和林，烏里雅蘇臺，科布多一帶地，而哈喇沙爾和闐以至疏勒之道，則爲漢有。武帝之伐大宛，卽在兒單于時；而匈奴以是年冬大雨雪，畜多飢寒死，國力大損，不復能大寇邊。而邊塞戰事，仍未能止；漢兵輒至今土拉河（Tula R.）鄂爾渾河一帶，而匈奴則未能南窺今日河套及鄂爾多斯旗之地也。詹師廬立三歲而死，子少，匈奴乃立其季父烏維單于弟右賢王句黎湖（Kuligu）爲單于；時爲漢太初三年（西元前一〇二年）。句黎湖單于既立，漢兵復出五原塞數百里，遠者千里，築城障列亭至盧朐河（今克魯倫河River Kirulon）；其後沿塞屢有戰爭，然於匈奴初無損也。時漢兵破大宛，斬其王還，句黎湖單于欲遮之，不敢。太初四年冬，句黎湖單于病；立才一歲也。句黎湖單于既死，其弟左大都尉且鞮侯（Züteguu）立爲單于。漢既誅大宛，威震外國。武帝欲遂困胡，以復高祖平城之辱。且鞮侯單于以初立，恐漢襲之，盡歸漢使之不降者，且自卑稱謂我兒子，安敢望漢天子，漢天子我丈人行云云。漢遣中郎將蘇武厚幣賂遺單于，單于益驕，禮甚倨，非漢所望。而蘇武以不肯屈節，牧羊北海邊十餘歲，娶胡妻生子，卒遁歸。至今言使節者，莫不稱武之堅貞焉。

「著者按二千年後，中國一使者持節緬甸，爲所囚，於阿瓦大寺中，卒不娶夷女，清帝褒之，以爲其節槪在蘇武上。而四十五年前崇厚使俄，喪地辱國，張之洞痛詈之，以爲與蘇武迴不相猶云。此二者，或亦足以爲讀者了解蘇武之一助也。」

且鞮侯單于時，漢與匈奴數爲激戰，交兵於漠口，當黃河河套少北。馬哥孛羅(Marco Polo)所紀天德（Tenduc）之西，今庫庫和屯（Kukuhoton）地也。匈奴則悉遠其累重於余吾水（今土拉河鄂爾渾河一帶）北，而單于以十萬待水南，與漢兵接戰。太初元年（西元前九六年），且鞮侯單于立五年而死，長子左賢王立爲狐鹿姑（Hulughu）單于。初且鞮侯兩子，長爲左賢王，次爲左大將;病且死,言立左賢王。左賢王未至,貴人以爲有病,更立左大將爲單于。左賢王聞之,不敢進。左大將使人召左賢王而讓位焉。左賢王辭以病,左大將不聽,謂曰:「即不幸死,傳之於我。」左賢王許之,遂立爲狐鹿姑單于。狐鹿姑單于立,以左大將爲左賢王。數年狐鹿姑病死,其子先賢撣(Senghendjen)不得立,更以爲日逐王;日逐王者,賤於左賢王。單于自以其子爲左賢王。卒之內訌繼起,皆原於此云。狐鹿姑單于既立之六年(漢武帝征和二年西元前九一年),復入侵漢之上谷五原。於是漢遣貳師將軍李廣利等將大軍出塞,兵至今和林一帶。單于聞漢兵大出,悉遣其輜重徙趙信城,北抵郅居水。左賢王驅其人民度余吾水六七百里,居兜銜山,單于自將精兵。接戰,匈奴不盡利,漢兵至蒲奴水。凡此諸地,今雖不能確指所在,然而千餘年後,突厥回紇大都曾據其地,尚約略可知。而游牧民族所居,亦以有水草地爲多。今日通西域諸道,爲當時所不知者有二:一爲自今庫倫和林經烏里雅蘇臺以至火州之極北一道,一則爲自山西西北越大漠以達烏里雅蘇臺一道。十三世紀時,蒙古軍西征,以及使節之自中國以達波斯成吉斯汗行在,或由歐洲至和林謁大行,皆取此二道;籀繹他國史籍,尚可見此二千年來中國所未曾知之二千年前古道焉。自額青納(Etzina)以達和林之道，今已廢棄，然當時漢兵嘗取道於此。征和三年（西元前九〇年）匈奴入侵漢邊，漢禦之；車師(Karahodjo)闢展(Pidjan)俱爲漢有。是時自焉耆至疏勒，自疏勒至于闐一帶，往往有城郭居民，居民曰纏頭(Sart)，高鼻深目，屬古波斯種，與今纏回頗相近也。此役漢軍乘勝追北，至范夫人城。匈奴奔走，莫敢距敵。然漢於大將使者之戰敗無成者，輒有殺戮之禍；此輩窮無所歸，乃降敵國，以偷餘生。如李陵衞律李廣利輩，卽其著者；後來突厥黠戛斯諸族且自附爲李陵之後。而大史家司馬遷以爲降將李陵衞律置辯，竟於天漢三年（西元前九八年）慘遭腐刑之禍。貳師將軍李廣利攻大宛之後，其妻子坐巫蠱收，聞之憂懼，其掾胡亞夫亦避罪從軍，說貳師降。貳師由是狐疑，欲深入要功。部屬以貳師懷異心，欲危衆求功，恐必敗，謀共執貳師，貳師卒因此致敗，降匈奴。單于知貳師爲漢大將貴臣，以女妻之，尊寵在衞律上。天漢四年（西元前九七年），單于遣使遺漢書云，「南有大漢，北有強胡。胡者天之驕子也，不爲小禮以自煩。今欲與漢闓大關，取漢女爲妻，歲給遺我糵酒萬石，稷米五千斛，雜繒萬匹，它如故約：則邊不相盜矣。」漢遣使者報送其使。單于使左右難漢使者曰，「漢禮義國也，貳師道前太子發兵反，何也？」

使者曰：「然，乃丞相私與太子爭鬭，太子發兵欲誅丞相，丞相誣之，故誅丞相。此子弄父兵，罪當笞，小過耳。孰與冒頓單于身殺其父代立？常妻後母，禽獸行也！」單于留使者，三歲乃得還。貳師在匈奴歲餘，衞律害其寵，會單于母閼氏病，律飭胡巫言先單于怒曰：「胡故時祠兵，常言得貳師以社。今何故不用？」於是收貳師。貳師怒曰：「我死，必滅匈奴。」遂屠貳師以祠。會連雨雪數月，畜產死，人民疫病，穀稼不孰，單于恐，爲貳師立祠堂。自貳師沒後，漢新失大將軍士卒數萬人，不復出兵。後元二年（西元前八七年），武帝崩，始元二年（西元前八五年），匈奴狐鹿姑單于亦病死。初單于有異母弟爲左大都尉，賢，國人鄉之；母閼氏恐單于不立子而立大都尉也，乃私使殺之。又單于病且死，謂諸貴人「我子少，不能治國，立弟右谷蠡王。」及單于死，衞律等與顓渠（Chwangü）閼氏謀，匿單于死，詐撟單于令，與貴人飲盟，更立子左谷蠡王爲壺衍鞮單于（Khuyenti Jenuye）；是歲漢始元二年（西元前八五年）也。左賢王右谷蠡王以不得立，怨望，去居其所，未嘗肯會龍城。壺衍鞮單于爲狐鹿姑之子，抑屬兄弟，顓渠閼氏至狐鹿姑之死，更歷幾夫，今俱不之知；要之新單于年少初立，母閼氏不正，國內乖離，常恐漢兵襲之。於是衞律爲單于謀，穿井築城，治樓以藏穀，與漢人守之。或曰，「胡人不能守城，是遺漢糧也。」衞律於是止。乃更謀歸漢，使不降者蘇武馬宏等歸，欲以通善意。然元鳳元年（西元前八〇年）以後，單于時時寇邊，雖不能勝漢，顧不止也。是時衞律已死。衞律在時，常言與漢和親之利，匈奴不信。及死後，兵數困，國益貧，單于弟左谷蠡王思衞律言，欲和親；然未幾亦死。其後單于數窺漢邊；是時漢邊郡燧火候望精明，匈奴爲邊寇者少利，希復犯塞。漢復得匈奴降者言東胡族中之烏桓嘗發先單于冢，匈奴怨之，方發二萬騎擊烏桓。漢大將軍霍光欲發兵要擊之，以問護軍都尉趙充國。充國以爲烏桓間數犯塞，今匈奴擊之，於漢便。又匈奴希寇盜，北邊幸無事，蠻夷自相攻擊，而發兵要之，招寇生事，非計也。而中郎將范明友以爲可擊。於是拜明友爲度遼將軍，將二萬騎出遼東，匈奴聞漢兵至，引去。漢兵卽後匈奴，遂擊烏桓，斬首六千餘級，獲三王首，還。匈奴由是恐，不能出兵，卽使使之烏孫，求欲得漢公主；擊烏孫，取車延（Kuldja）惡師（Ush）地。烏師公主上書，漢下公卿議救，未決。昭帝崩，宣帝卽位。烏孫昆彌復上書言連爲匈奴所侵削。昆彌願發國半精兵人馬五萬四，盡力擊匈奴，唯漢亦出兵，以哀救公主。宣帝本始二年（西元前七二年），漢大發關東輕銳士，選郡國吏二百石抗健習騎射者皆從軍。凡將軍，兵十餘萬騎，出塞各二千餘里：及校尉常惠使護烏孫兵發西域。昆彌自將五萬餘騎，從西方入，與五將軍兵凡二十餘萬衆。是時漢兵進至蒲離候水(Hamil)及蒲類澤(Barkul)。然匈奴聞漢兵士出，老弱犇走，敺畜產遠遁逃；與後來馬哥孛羅所述且末 (Charchan) 之策正同。匈奴用堅壁清野之法，是以五將少所得，無功多下吏死。唯常惠與烏孫兵至右谷蠡庭，獲單于父行，及嫂居次名王犂汗都尉千長騎將以下三萬九千餘級；虜馬牛羊驢驘橐駞七十餘萬。然匈奴民衆死傷而去者，及畜產遠移，死亡不可勝數。於是匈奴遂衰耗，怨烏孫。本始三年(西元前七三年)冬，單于自將數萬騎擊烏孫，頗得老弱，欲還。會天大雨雪，一日深丈餘，人民畜產凍死，還者十能什一。於是丁令（史家以爲卽後來之黠戞斯及回紇）乘弱攻其北，烏桓入其東，烏孫擊其西。凡三國所殺數萬級，馬數萬匹，牛羊甚衆，又重以餓死，人民死者什三，畜產什五；諸國羈屬者皆瓦解；匈奴遂大衰弱。其後漢出三千餘騎，爲三道並入匈奴，捕虜得數千人還；匈奴終不敢當。壺衍鞮單于立十七年死，弟左賢王立，爲虛閭權渠單于（Hülügwengü Jenuye），時漢地節二年（西元前六八年也）。是時車師（Karahudjo）一帶，似猶屬匈奴。新單于既立，以右大將女爲大閼氏，而黜前單于所幸顓渠閼氏，顓渠閼氏父左大且渠怨望。而漢以是時匈奴不能爲邊寇，於是罷外城，以休百姓。單于聞之喜召貴人謀，欲與漢和親；而左大且渠心害其事，沮其議，發兵寇漢。然以漢戒備嚴，不敢入，卽引去。地節三年，西域城郭共擊匈奴，取車師，得其王及人衆而去。單于復以車師王昆弟兜莫爲車師王，收其餘民東徙，不敢居故地。而漢益遣屯士分田車師地以實之。地節四年，匈奴怨諸國共擊車師，遣左右大將各將萬餘騎，屯田右地，欲以侵迫烏孫西域。元康四年（西元前六二年）匈奴遣左右奥鞬(Urgendj)各六千騎，與左大將再擊漢之田車師城者，不能下。漢神爵二年（西元前六〇年），漢以重兵屯緣邊九郡。單于病歐血，因不敢入，還去，卽罷兵。乃使入漢，求和親，未報而死。虛閭權渠單于立九年死。自始立而黜顓渠閼氏，顓渠閼氏卽與右賢王私通。右賢王會龍城而去，顓渠閼氏語以單于病甚，且勿遠。後數日，單于死，郝宿王刑未央使人召諸王，未至。顓渠閼氏與其弟左大且渠都隆奇謀，立右賢王屠耆堂爲握衍朐提單于（ Okyenküte Jenuye），握衍朐提單于者，代父爲右賢王，烏維單于耳孫也。握衍朐提單于立，復修和親，遣弟伊酋若王勝之入漢獻見。單于初立，凶惡，盡殺虛閭權渠時用事貴人刑未央等，而任用顓渠閼氏弟都隆奇，又盡免虛閭權渠子弟近親而自以其子弟代之。虛閭權渠單于子稽侯狦（Kegeushar）既不得立，亡歸妻父烏禪幕。烏禪幕者本烏孫康居間小國，數見侵暴，率其衆數千人降匈奴。狐鹿姑單于以弟子日逐王姊妻之，使長其衆，居右地。日逐曰先賢禪（Senghendjen）其父左賢王當爲單于，讓狐鹿姑單于。狐鹿姑單于許立之，國人以故頗言日逐王當爲單于。日逐王素與握衍朐提單于有隙，卽率其衆數萬騎歸漢。神爵三年（西元前五九年）單于遂殺先賢禪兩弟；於是匈奴內亂，國人憎惡單于，亦與日俱增。神爵四年烏桓擊匈奴東邊姑夕王，頗得人民。握衍朐提單于以衆叛親離，攻之者紛起，大恚，亦於是年自殺。而稽侯狦以姑夕王烏禪幕及在地貴人之擁戴，立爲呼韓邪（Khughanja）單于。自是單于遂成世襲，而呼韓邪乃爲南匈奴之一支云。是時先賢禪及其他心懷不滿之貴人羣起謀亂，匈奴境內遂五單于爭立；而以單于長兄左賢王郅支（Chirche）爲最強。呼韓邪既立，欲收拾殘局，頗非易事也。左伊秩訾王爲呼韓邪單于計，勸令稱臣入朝事漢，從漢求助，如此匈奴乃定；迄呼韓邪於今和林附近爲郅支所敗，益以左伊秩訾王之言爲然。呼韓邪單于議問諸大臣，皆曰不可，「匈奴之俗本上氣力而下服役，以馬上戰鬭爲國，故有威名於百蠻。戰死，壯士所有也。今兄弟爭國，不在兄，則在弟，雖死，猶有威名，子孫常長諸國。漢雖彊，猶不能兼幷匈奴，奈何亂先古之制，臣事於漢，卑辱先單于，爲諸國所笑！雖如是而安，何以復長百蠻？」左伊秩訾曰，「不然！彊弱有時。今漢方盛，烏孫城郭諸國皆爲臣妾。自且鞮侯單于以來，匈奴日削，不能取復；雖屈彊於此，未嘗一日安也。今事漢則安存，不事則危亡；計何以過此。」諸大人相難久之，呼韓邪從其計。引衆南近塞，遣子右賢王銖婁渠堂入侍。郅支單于亦遣子右大將駒於利受入侍。是歲漢甘露元年（西元前五三年）也。明年呼韓邪單于款五原塞，願朝。三年正月，漢遣車騎都尉韓昌迎，發所過七郡郡二千騎，爲陳道上。單于正月朝漢帝於甘泉宮。漢寵以殊禮，位在諸侯王上，贊謁稱臣而不名。賜以冠帶衣裳，黃金璽盭綬，玉具劍，佩刀，弓一張，矢四發，棨戟十，安車一乘，鞌勒一具，馬十五匹，黃金二十斤，錢二十萬，衣被七十七襲，錦繡綺縠雜帛八千匹，絮六千斤。禮畢，使使者道單于先行，宿長平。上自甘泉宿他陽宮。上登長平，詔單于毋謁，其左右當戶之羣臣皆得列觀。單于就邸，留月餘，遣歸國。匈奴之獨立，亦隨之以俱逝云。

第五章　屬國時期

呼韓邪單于自請願留居光祿塞下（今鄂爾多斯旗一帶），有急保漢受降城（受降城之名，至後來突厥勃興，自今山西歸化城即馬哥孛羅所云之 Tendue 以迄於白龍堆極西北隅，沿邊塞到處有之，所以防高車之度河而東也）。漢遣長樂衞尉高昌侯董忠，車騎都尉韓昌，將騎萬六千，又發邊郡士馬以千數，送單于出朔方雞鹿塞。詔忠等留衞單于，助誅不服。又轉邊穀米糒，前後三萬四千斛，給贍其食。

是歲郅支單于亦遣使奉獻，漢遇之甚厚。明年兩單于俱遣使朝獻，漢待呼韓邪使有加。明年（黃龍元年西元前四九年），呼韓邪單于復入朝，漢禮賜如初，加衣百一十襲，錦帛九千匹，絮八千斤；以有屯兵，故不復發騎爲送。始郅支單于以爲呼韓邪降漢，兵弱不能復自還，卽引其衆西，欲攻定右地。又屠耆單于小弟本侍呼韓邪，亦己之右地，收兩兄餘兵，得數千人，自立爲伊利目單于。

道逢郅支合戰；郅支殺之，并其兵五萬餘人。聞漢出兵穀助呼韓邪，卽遂留居右地。自度力不能定匈奴，乃益西近烏孫，欲與幷力，遣使見小昆彌烏就屠。烏就屠見呼韓邪爲漢所擁，郅支亡虜，欲攻之以稱漢。乃殺郅支使持頭送都護在所，發八千騎迎郅支。郅支見烏孫兵多，其使又不反，勒兵逢擊烏孫，破之。因北擊烏揭（今塔爾巴哈臺地方），烏揭降。發其兵西破堅昆（今黠戛斯地方），北降丁令（丁令有東西兩支，故頗難決其爲今何地，以無適當之名辭，故稱之爲康卡利 Kankali，義爲車也），譯者按周壽昌以爲堅昆今塔爾巴哈臺之西丁令卽丁零今科布多之北幷三國。數遣兵擊烏孫，常勝之。堅昆東去單于庭（大約在今庫倫或和林）七千里，南去車師（今土魯番及闢展地）五千里，其疆域與今大致不遠也。元帝初卽位（西元前四八年），呼韓邪單于復上書，言民衆困乏。漢詔雲中五原郡轉穀二千斛以給焉。郅支單于自以道遠，又恐漢擁護呼韓邪，遣使上書求侍子。漢遣谷吉送之。郅支殺吉。漢不知吉音問，而匈奴降者言聞甌脫皆殺之。呼韓邪單于使來，漢輒簿責之甚急。明年，漢遣車騎都尉韓昌光祿大夫張猛，送呼韓邪單于侍子，求問吉等，因赦其罪，勿令自疑。昌猛見單于民衆益盛，塞下禽獸盡，單于足以自衞，不畏郅支。聞其大臣多勸單于北歸者，恐北去後難約束，昌猛卽與爲盟約曰『自今以來，漢與匈奴合爲一家，世世毋得相詐相攻。有竊盜者相報，行其誅，償其物。有寇發兵相助。漢與匈奴敢先背約者，受天不祥。令其世世子孫盡如盟。』昌猛與單于及大臣，俱登匈奴諾水東山，刑白馬，單于以徑路刀金留犂撓酒，以老上單于所破月氏王頭爲飲器者，共飲血盟。

希臘史家希羅多德所述塞種風俗，與匈奴蒙古一線相承，了無異致。希氏曾述此輩以嵌皮鑲銀之頭爲飲器。誓時以血和酒攪以匕首，飲以爲信。又謂裏海濱之馬薩該達（Massagetae）族（此係塞種一族，或爲卽五百年後嬀水傍之月氏者誤也），刑馬以祭日。中史屢及西元後五世紀左右，北魏托跋氏諸主刑白馬爲祭之事；而吉朋（Gibbon）紀成吉斯汗以怯烈汗（Khan of Keraits）首嵌之以銀，第一次軍事結盟，幷刑馬爲誓。布加利亞人（Bulgarians）亦將羅馬皇帝奈塞福拉斯（Nicephorus）首鑲金以用。哲比德之恭甯茫（Cunimund）亦然。

昌猛還奏事。公卿議者以爲單于保塞爲藩，雖欲北去，猶不能爲危害。昌猛擅以漢國世世子孫與夷狄詛盟，令單于得以惡言上告于天，羞國家，傷威重，不可得行。宜遣使往告祠天，與解盟；昌猛奉使無狀，罪至不道。上薄其過。有詔，昌猛以贖論，勿解盟。其後呼韓邪竟北歸庭，人衆稍稍歸之，國中遂定。

是時郅支既殺使者，自知負漢，又聞呼韓邪益強，恐見襲擊，欲遠去。會康居王數爲烏孫所困，與諸翕侯計，以爲匈奴大國，烏孫素服屬之，今郅支單于困阸在外，可迎置東邊，使合兵取烏孫以立之，長無匈奴憂矣。卽使使至堅昆，通語郅支。郅支素恐，又怨烏孫，聞康居計大說，遂與相結，引兵而西。康居亦遣貴人橐駝驢馬數千匹，迎郅支。郅支人衆中寒道死，餘財三千人到康居。漢元帝建昭三年（西元前三六年），西域都護甘延壽與副陳湯發兵卽康居，誅斬郅支。郅支既誅，呼韓邪單于且喜且懼，上書言曰『常願謁見天子。誠以郅支在西方，怨其與烏孫俱來擊臣，以故未得至漢。今郅支已伏誅，願入朝見。』竟寧元年（西元前三三年），單于復入朝，禮賜如初。單于自言願壻漢氏以自親。元帝以後宮良家子王嬙字昭君，賜單于。單于驩喜，上書願保塞，上谷以西至敦煌，傳之無窮；請罷邊備塞吏卒，以休天子人民。天子令下有司議，議者皆以爲便。郎中候應習邊事，以爲不可許。上問狀，應曰『周秦以來，匈奴暴桀，寇侵邊境；漢興，尤被其害。臣聞北邊塞至遼東，外有陰山，東西千餘里，草木茂盛，多禽獸。本冒頓單于依阻其中，治作弓矢，來出爲寇，是其苑囿也。至孝武世出師征伐，斥奪此地，攘之於幕北。建塞徼，起亭隧，築外城，設屯戍以守之，然後邊境得用少安。幕北地平，少草木，多大沙：匈奴來寇，少所蔽隱。從塞以南，徑深山谷，從來差難。邊長老言匈奴失陰山之後，過之未嘗不哭也。如罷備塞戍卒，示夷狄之大利，不可一也。今聖德廣被，天覆匈奴，匈奴得蒙全活之恩，稽首來臣。夫夷狄之情，困則卑順，強則驕逆，天性然也。前以罷外城，省亭隧，今裁足候望通燧火而已。古者安不忘危，不可復罷，二也。中國有禮義之教，刑罰之誅，愚民猶尙犯禁，又況單于能必其衆不犯約哉？三也。自中國尙建關梁以制諸侯，所以絕臣下之覬欲也。設塞徼，置屯戍，非獨爲匈奴而已，亦爲諸屬國降民，本故匈奴之人，恐其思舊逃亡，四也。近西羌保塞，與漢人交通，吏民貪利，侵盜其畜產妻子，以此怨恨，起而背畔，世世不絕。今罷乘塞，則生嫚易分爭之漸，五也。往者從軍多沒不還者，子孫貧困，一旦亡出，從其親戚，六也。又邊人奴婢愁苦，欲亡者多，曰「聞匈奴中樂，無奈候望急何。」然時有亡出塞者，七也。盜賊桀黠，羣輩犯法，如其窘急，亡走北出，則不可制，八也。起塞以來，百有餘年，非皆以土垣也，或因山巖石木柴僵落，谿谷水門，稍稍平之，卒徒築治，功費久遠，不可勝計。臣恐議者不深慮其終始，欲以壹切省繇戍。十年之外，百歲之內，卒有它變障塞破壞，亭隧滅絕當更發屯繕治累世之功不可卒復，九也。如罷戍卒省候望。單于自以保塞守御，必深德漢，請求無以；少失其意則不可測。開夷狄之隙，虧中國之故十也。非所以永持至安，威制百蠻之長策也。』對奏，詔勿議罷邊塞事。使車騎將軍口諭單于曰，『單于上書願罷北邊吏士屯戍，子孫世世保塞。單于鄉慕禮義，所以為民計者甚厚；此長久之計也，朕甚嘉之。中國四方，皆有關梁障塞；非獨以備塞外也，亦以防中國姦邪放縱，出為寇害，故明法度以專衆心也。敬諭單于之意，朕無疑焉。為單于怪其不能，故使大司馬車騎將軍嘉曉單于。』單于謝曰，『愚不知大計；天子幸使大臣告語，甚厚。』云云。綜觀往復之言，辭令之妙，希臘羅馬初未能專美於前，而埃及巴比倫視之，還有遜色焉。

其後或讒伊秩訾自伐其功，常鞅鞅，呼韓邪疑之。左伊秩訾懼誅，將其衆千餘人降漢；漢封以關內侯，食邑三百戶，令佩其王印綬。及竟甯中，呼韓邪來朝，與伊秩訾相見，謝曰，『王為我計甚厚，令匈奴至今安甯，王之力也。德豈可忌？我失王意，使王去，不復顧留，皆我過也。今欲白天子，請王歸庭。』伊秩訾曰，『單于賴天命，自歸於漢，得以安甯；單于神靈，天子之祐也。我安得力！既已降漢，又復歸匈奴，是兩心也。願爲單于侍史於漢，不敢聽命。』單于固請，不能得而歸。

王昭君旣適單于，號甯胡閼氏，生一男伊屠智牙師，爲右日逐王。呼韓邪立二十八年，建始二年死（西元前五九年——三一年）。始呼韓邪嘗左伊秩訾兄呼衍王女二人。長女顓渠閼氏，生二子，長曰且莫車，次曰囊知牙斯。少女爲大閼氏，生四子，長曰雕陶莫皐，次曰且麋胥，皆長於且莫車；少子咸樂二人皆小於囊知牙斯。又他閼氏子十餘人。顓渠閼氏貴，且莫車愛，呼韓邪病且死，欲立且莫車。其母顓渠閼氏曰，『匈奴亂十餘年，不絕如髮，賴蒙漢力，故得復安。今平定未久，人民創艾戰鬭。且莫車年少，百姓未附，恐復危國。我與大閼氏一家共子，不如立雕陶莫皐。』大閼氏曰，『且莫車雖少，大臣共持國事。今舍貴立賤，後世必亂！』單于卒從顓渠閼氏計，立雕陶莫皐，約令傳國與弟。呼韓邪死，雕陶莫皐立，爲復株絫若鞮單于（Vughturoi-yokte Jenuye）。（匈奴謂孝爲若鞮，斯時漢室諸帝俱冠以孝字，如孝文帝孝景帝孝武帝是也。單于初不知孝之爲物，是否單于生時即加此號，今不可知；要之此後凡單于俱號以若鞮二字，高麗日本安南緬甸亦復如斯。當俱受自中國也）復株粲若鞮單于立，遣子右致盧兒王醯諧屠奴侯入侍，以且麋胥爲左賢王，且莫車爲右谷蠡王，囊知牙斯爲右賢王。復株粲單于復妻王昭君，生二女。王昭君當時當曾不願，上書言狀；而漢天子報曰，『從其國俗』云。（譯音按漢書烏孫傳昆莫年老欲使其孫岑陬尙公主公主不聽上書言狀天子報曰從其國俗云云王昭君是否亦曾上書言狀史無明文）

河平元年（西元前二八年），單于遣右皋林王伊邪莫演等奉獻朝正月。既罷，遣使者送至蒲阪，伊邪莫演言欲降，『卽不受我，我自殺；終不敢還歸』。使者以聞，下公卿議。議者或言宜如故事受其降。光祿大夫谷永、議郎杜欽以爲『漢興，匈奴數爲邊害，故設金爵之賞以待降者。今單于詘體稱臣，列爲北藩，遣使朝賀，無有二心。漢家接之，宜異於往時。今既享單于聘貢之質，而更受其逋逃之臣。是貪一夫之得而失一國之心，擁有罪之臣而絕慕義之君也。假令單于初立，欲委身中國，未知利害，私使伊邪莫演詐降，以卜吉凶；受之虧德沮善，令單于自疏，不親邊吏，或者設爲反間，欲因而生隙，受之適合其策，使得歸曲而直責。此誠邊境安危之原，師旅動靜之首，不可不詳也。不如勿受，以昭日月之信，抑詐諼之謀，懷附親之心，便。』對奏，天子從之。遣中郎將王舜往問降狀。伊邪莫演曰，『我病狂妄言耳』！遣去歸到官位如故，不肯令見漢使。明年單于上書，願朝河平四年正月，遂入朝，禮之如竟甯時。復株絫單于立十歲，鴻嘉元年（西元前二〇年）死。弟且麋胥立，爲搜諧若鞮單于（Seughie-yokte Jenuye）以且莫車爲左單于。搜諧單于立八歲，元延元年（西元前一二年），爲朝二年發行，未入塞，病死。弟且莫車立，爲車牙若鞮單于（Chega-yokte Jenuye）。車牙單于立四歲，綏和元年（西元前八年）死。弟囊知牙斯立，爲烏珠留若鞮單于（Otyuru or Atiuru-yokte Jenuye）。烏珠留單于立，以前閼氏爲第二閼氏，立其子樂爲左賢王；以第五閼氏子輿爲右賢王；遣子右股奴王烏鞮牙斯入侍。漢遣中郎將夏侯藩，副校尉韓容使匈奴。時漢室就衰，外族當權，帝舅大司馬票騎將軍王根領尚書事。或說根曰，『匈奴有斗入漢地，直張掖郡（甘肅甘州即馬哥孛羅遊記中之Campichu），生奇材木箭竿就羽。如得之，於邊甚饒。國家有廣地之實，將軍顯功垂於無窮。』根爲帝言其利，帝直欲從單于求之，爲有不得，傷命損威。根即但以上指曉藩，令從藩所說而求之。藩至匈奴，以語次說單于曰，『竊見匈奴斗入漢地，直張掖郡。漢三都尉至塞上，士卒數百人，寒苦，候望久勞。單于宜上書獻此地，直斷割之，以省兩都尉士卒數百人，以復天子厚恩，其報必大。」單于曰，「此天子詔語邪？將從使者所求也！」藩曰，「詔指也。然藩亦爲單于畫善計耳！」單于曰，「孝宣孝元皇帝哀憐父呼韓邪單于，從長城以北，匈奴有之。」此温偶駼王所居地也。未曉其形狀所生，請遣使問之。」藩容歸漢，後復使匈奴，至則求地。單于曰，「父兄傳五世，漢不求此地，至知獨求何也？已問温偶駼王，匈奴西邊諸侯作穹廬及車，皆仰此山材木；且先父地，不敢失也。」藩還，遷爲太原太守。單于遣使上書，以藩求地狀聞。漢因從藩爲濟南太守，不令當匈奴。明年，侍子死，歸葬，復遣子左於駼仇撣王稽留昆入侍。至哀帝建平二年，烏孫庶子卑援疐翕侯人衆入匈奴西界，寇盜牛畜，頗殺其民。單于聞之，遣左大當戶烏夷冷將五千騎擊烏孫，殺數百人，略千餘人，敺牛畜去。卑援疐恐，遣子趨逯爲質匈奴。單于受，以狀聞。漢遣中郎將丁野林、副校尉公乘音使匈奴，責讓單于，告令還歸卑援疐質子。單于受詔遣歸。建平四年（西元前三年）單于上書願朝。五年，時哀帝被疾，或言匈奴從上游來厭人，自黃龍、竟甯時，單于朝，中國輒有大故。帝由是難之，以問公卿，亦以爲虛費府帑，可且勿許。單于使辭去，未發，黃門郎揚雄上書諫曰，「臣聞天經之治，貴於未亂，兵家之勝，貴於未戰。二者皆微然，而大事之本，不可不察也。今單于上書求朝，國家不許而辭之，臣愚以為漢與匈奴，從此隙矣。夫北地之狄，五帝所不能臣，三王所不能制，其不可使隙甚明。臣不敢遠稱，請引秦以來明之。以秦始皇之強，蒙恬之威，帶甲四十餘萬，然不敢窺西河，乃築長城以界之。會漢初興，以高祖之威靈，三十萬衆困於平城，士卒七日不食。時奇譎之士太畫之臣甚衆，卒其所以脫者，世莫得而言也。又高皇后嘗忿匈奴，羣臣庭議，樊噲請以十萬衆橫行匈奴中，季布曰「噲可斬也。妄阿順旨！」於是大臣權書遺之，然後匈奴之結解，中國之憂平。及孝文時，匈奴侵暴北邊，候騎至雍甘泉，京師大駭，發三將軍屯細柳棘門霸上以備之，數月乃罷。孝武即位，設馬邑之權，欲誘匈奴，使韓安國將三十萬衆，徼於便地，匈奴覺之而去。徒費財勞師；一虜不可得見，況單于之面乎！其後深惟社稷之計，規恢萬載之策，乃大興師數十萬，使衛青霍去病操兵前後十餘年。於是浮西河，絕大漠，破寘顏，襲王庭，窮極其地，追奔逐北。封狼居胥山，禪於姑衍，以臨翰海。虜名王貴人以百數。自是之後，匈奴震怖，益求和親；然而未肯稱臣也。且夫前世豈樂傾無量之費役無罪之人快心於狼望之北哉！以為不一勞者不久佚，不暫費者不永甯。是以忍百萬之師以摧餓虎之喙，運府庫之財塡盧山之壑而不悔也。至本始之初，匈奴有桀心，欲掠烏孫，侵公主。乃發五將之師十五萬騎獵其南，而長羅侯以烏孫五萬騎震其西，皆至質而還，時鮮有所獲。徒奮武揚威，明漢兵若雷風耳。雖空行空反，尙誅兩將軍。故北狄不服，中國未得高枕安寢也。逮至元康神爵之間，大化神明，鴻恩溥洽，而匈奴內亂，五單于爭立，日逐呼韓邪攜國歸死，然尙羈縻之計不顓制。自此之後，欲朝者不距，不欲者不彊。何者？外國天性忿鷙，形容魁健，負力怙氣；難化以善，易肄以惡，其彊難詘，其和難得。故未服之時，勞師遠攻，傾國殫貨，伏尸流血，破堅拔敵，如彼之難也。既服之後，慰薦撫循，交接賂遺，威儀俯仰，如此之備也。往時嘗屠大宛之城，蹈烏桓之壘；探姑繒之壁，籍蕩姐之場；艾朝鮮之旃，拔兩越之旗。近不過旬日之役，遠不離二時之勞，因已犂其庭，掃其閭，郡縣而置之；雲徹席卷，後無餘災。唯北狄爲不然，眞中國之堅敵也。三垂比之懸矣，前世重之茲甚，未易可輕也。今單于歸義，懷款誠之心，欲離其庭，陳見於前，此乃上世之遺策，神靈之所想望，國家雖費，不得已者也。奈何距以來厭之辭，疏以無日之期，消往昔之恩，開將來之隙。夫款而隙之，使有恨心，負前言，緣往辭，歸怨於漢，因以自絕，終無北面之心。威之不可，諭之不能，焉得不爲大憂乎！夫明者視於無形，聽者聽於無聲。誠先於未然，卽蒙恬樊噲不復施，棘門細柳不復備，馬邑之策安所設；衞霍之功何得用，五將之威安所震。不然，一有隙之後，雖智者勞心於內，辯者轂擊於外，猶不若未然之時也。且往者圖西域，制車師，置城郭，都護三十六國，費歲以大萬計者，豈爲康居烏孫能喩白龍堆而寇西邊哉！乃以制匈奴也。夫百年勞之，一日失之，費十而愛一，臣竊爲國不安也。唯陛下少留意於未亂未戰，以遏邊萌之禍。」

書奏，天子寤焉，召還匈奴使者，更報單于書而許之。單于未發，會病，復遣使願朝明年。故事，單于朝，從名王以下及從者二百餘人。單于又上書言，蒙天子神靈，人民盛壯，願從五百人入朝，以明天子盛德。漢皆許之。元壽二年（西元前一年），單于來朝，上以太歲厭勝所在，舍之上林苑蒲陶宮，告之以加敬於單于，單于知之。加賜衣三百七十襲，錦繡繒帛三萬匹，絮三萬斤，他如河平時。自是單于來朝，賞賜輒有加於前，皆取之於民，頗爲閭里所苦云。單于歸時，漢遣稽留昆隨去，到國，復遣稽留昆同母兄右大且方與婦入侍。還歸，復遣且方同母兄左日逐王都與婦入侍。是時漢平帝幼，太皇太后稱制，外家新都侯王莽秉政，欲說太后以威德至盛異於前，乃風單于，令遣王昭君女須卜居次云入侍太后，所以賞賜之甚厚。

會西域車師後王句姑去胡來王唐兜，皆怨恨都護校尉，將妻子人民已降匈奴。單于受置左谷蠡地，遣使上書言狀，曰『臣謹已受。』詔遣中郎將韓隆，王昌副校尉甄阜，侍中謁者帛敞，長水校尉王歙使匈奴，告單于曰，『西域內屬，不當得受，今遣之。』單于曰，『孝宣孝元皇帝哀憐，爲作約束：自長城以南天子有之，長城以北單于有之，有犯塞，輒以狀聞，有降者不得受。臣知父呼韓邪單于蒙無量之恩，死遺言曰，「有從中國來降者勿受，輒送至塞，以報天子厚恩。」此外國也，得受之。』使者曰『匈奴骨肉相攻，國幾絕，蒙中國大恩，危亡復續，妻子完安，累世相繼，宜有以報厚恩。』單于叩頭謝罪，執二虜還付使者。詔使中郎將王萌待西域惡都奴界上逆受。單于遣使送到國，因請其罪。使者以聞，有詔不聽？會西域諸國王，斬以示之。乃造設四條；中國人亡入匈奴者，烏孫亡降匈奴者，西域諸國佩中國印綬降匈奴者，烏桓降匈奴者；皆不得受。遣中郎將王駿，王昌副校尉甄阜，王尋使匈奴，班四條與單于；雜函封，付單于，令奉行。因收故宣帝所爲約束，封函還。

時莽奏令中國不得有二名，因使者以風單于，宜上書慕化爲一名，漢必加厚賞。單于從之，更名曰知（當時中國與匈奴命名之制如何，不甚明了，然從後世史書觀之，韃靼人除父與單于而外，於名字初不注重，且不知於名字中寓稱美之意，後世漢人教之，方知此也）。莽大說，白太后遣使者答諭，厚賞賜焉。漢既班四條後，護烏桓使者告烏桓民，毋得復與匈奴皮布稅。匈奴以故事，遣使者責烏桓稅，匈奴人民婦女欲賈販者，皆隨往焉。烏桓距曰，奉天子詔條，不當予匈奴稅。匈奴使怒，收烏桓酋豪，縛到懸之。酋豪昆弟怒，共入匈奴使，及其官屬，收略婦女馬牛。單于聞之，遣使發左賢王兵入烏桓，責殺使者，因攻擊之。烏桓分散，或走上山，或東保塞。匈奴頗殺人民，毆婦女弱小且千人去，置左地。告烏桓曰，持馬畜皮布來贖之。烏桓見略者親屬二千餘人，持財畜往贖，匈奴受留不遣。王莽之篡位也，建國元年（西元後九年）遣五威將王駿率甄阜王颯陳饒帛敞丁業六人，多齎金帛，重遺單于，諭曉以受命代漢狀。因易單于故印，故印文曰匈奴單于璽，莽更曰新匈奴單于章。將率既至，授單于印紱，詔令上故印紱。單于再拜受詔。譯前欲解取故印綬，單于舉掖授之，左姑夕侯蘇從旁謂單于曰，未見新印文，宜且勿與。單于止不肯與，請使者坐穹廬。單于欲前爲壽，五威將曰，『故印紱當以時上。』單于曰，諾，復舉掖授譯。蘇復曰，『未見印文，且勿與。』單于曰，『印文何由變更？』遂解故印紱，奉上將率，受著新紱，不解視印；飲食至夜乃罷。右率陳饒謂諸將率曰，『鄉者姑夕侯疑印文，幾令單于不與人，如令覩印，見其變改，必求故印，此非辭說所能距也。既得而復失之，辱命莫大焉！不如椎破故印，以絕禍根。』將率猶與，莫有應者。饒燕士果悍，卽引斧椎壞之。明日，單于果遣右骨都侯當白將率曰，『漢賜單于印言璽不言章，又無漢字；諸王以下，乃有漢言章。今印去璽加新，與臣下無別，願得故印。』將率示以故印，謂曰，『新室順天制作，故印隨將率所自爲破壞。」單于宜承天命，奉新室之制。』當還白，單于知已無可奈何，又多得賂遺，卽遣弟右賢王輿奉馬牛隨將率入謝，因上書求故印。將率還到左犂汗王咸所居地，見烏桓民多，以問咸，咸具言狀，將率曰，『前封四條，不得受烏桓降者，亟還之。』咸曰，『請密與單于相聞，得語歸之。』單于使咸報曰，『當從塞內還之邪？從塞外還之邪？』將率不敢專決，以聞。詔報從塞外還之。單于始用夏侯藩求地，有距漢語，後以求稅烏桓不得，因寇略其人民，釁由是生，重以印文改易，故怨恨。乃遣右大且渠蒲呼盧訾等十餘人將兵衆萬騎，以護送烏桓爲右勒兵朔方塞下。明年，西域車師後王須置離謀降匈奴，都護但欽誅斬之。置離兄狐蘭支將人衆二千餘人，毆畜產，舉國亡降匈奴，單于受之。狐蘭支與匈奴共入寇，擊車師，殺後成長，傷都護司馬，復還入匈奴。時戊己校尉史陳良終帶，司馬丞韓玄，右曲侯任商等見西域頗背叛，聞匈奴欲大侵，恐幷死，卽謀刦略吏卒數百人，共殺戊己校尉刀護，遣人與匈奴南犂汗王南將軍相聞。匈奴南將軍二千騎入西域迎良等。良等盡脅略戊己校尉吏士男女二千餘人入匈奴。王莽聞息，於是大分匈奴爲十五單于，遣中郎將藺苞副校尉戴級將兵萬騎，多齎珍寶至雲中塞下，招誘呼韓邪單于諸子，欲以次拜之。使譯出塞誘呼右犂汗王咸，咸子登助三人至，則脅拜咸爲孝單于，賜安車鼓車各一，黃金千斤，雜繒千匹，戲戟十。拜助爲順單于，賜黃金五百斤，傳送助登長安，烏珠留單于聞之怒，遣左骨都侯右伊秩訾王呼盧訾及左賢王樂將兵入雲中益壽塞，大殺吏民；是歲建國三年（西元後一一年）也。是後單于歷告左右部都尉諸邊王入塞寇盜，大輩萬餘，中輩數千，少者數百，殺雁門朔方太守尉都，略吏民畜產，不可勝數；緣邊虛耗。莽新卽位，怙府庫之富，欲立威，乃拜十二部將率，發郡國勇士，武庫精兵，各有所屯守，轉委輸於邊。議滿三十萬衆，齎三百日糧，同時十道並出，窮追匈奴，內之於丁令，因分其地，立呼韓邪十五子。莽將嚴尤諫之，歷舉漢與匈奴之關係，當時武人之有鑒於往事，蓋可見也（斯坦因發見之第一世紀軍事文書，蓋可以見此也）。尤之言曰，『今天下遭陽九之阸，比年饑饉，西北邊尤甚。發三十萬衆，具三百日糧，東援海代，南取江淮，然後乃備。計其道里，一年尚未集合。兵先至者，聚居暴露，師老械弊，勢不可用，此一難也。邊既空虛，不能奉軍糧，內調郡國，不相及屬，此二難也。計一人三百日食，用糒十八斛，非牛力不能勝；牛又當自齎食，加二十斛，重矣。胡地沙鹵，多乏水草，以往事揆之，軍出未滿百日，牛必物故且盡，餘糧尚多，人不能負，三難也。胡地秋冬甚寒，春夏甚風，多齎鬴鍑薪炭，重不可勝，食糒飲水，以歷四時，師有疾疫之憂，是故前世伐胡，不過百日，非不欲久，勢力不能，四難也。（清代平定回疆，難者亦持此論，然左軍既至，用屯田政策，自行耕種，以免斯困云。）輜重自隨，則輕銳者少，不得疾行，虜徐遁逃，勢不能及，幸而逢虜，又累輜重，如遇險阻，銜尾相隨，虜要遮前後，危殆不測，此五難也。大用民力，功不可必立，臣伏憂之。今既發兵，宜縱先至者，令臣尤等深入霆擊，且以創艾胡虜。」

莽不聽尤言，轉兵穀如故，天下騷動。咸既受莽孝單于之號，馳出塞歸庭，具以見脅狀白單于。單于更以爲於粟置支侯，匈奴賤官也。後助病死，莽以登代助爲順單于。厭難將軍陳欽、震狄將軍王巡屯雲中葛邪塞。是時匈奴數爲邊寇，殺將率吏士，略人民，毆畜產去，甚衆。捕得虜生口驗問，皆曰『孝單于咸子角數爲寇。』兩將以聞，四年，莽會諸蠻夷斬咸子登於長安市。初北邊自宣帝以來，數世不見煙火之警，人民熾盛，牛馬布野。及莽撓亂匈奴，與之構難，邊民死亡係獲，又十二郡兵久屯而未出，吏士罷弊，數年之間，北邊虛空，野有暴骨矣。

烏珠留單于立二十一歲，建國五年（西元後一三年）死。匈奴用事大臣右骨都侯須卜當，卽王昭君女伊墨居次云之壻也。云常欲與中國和親，又素與咸厚善，見咸前後爲莽所拜，故遂越輿而立咸爲烏累若鞮單于（Oreiyokte Jenuye）。烏累單于咸立，以弟輿爲左谷蠡王。烏珠留單于子蘇屠胡本爲左賢王，以弟屠耆閼氏子盧渾爲右賢王。烏珠留單于在時，左賢王數死，以爲其號不祥，更易命左賢王曰護于。護于之尊最貴，次當爲單于，故烏珠留單于授其長子以爲護于，欲傳以國。咸怨烏珠留單于貶賤己號，不欲傳國；及立，貶護于爲左屠耆王。云當遂勸咸和親。天鳳元年（西元後一四年），云當遣人之西河虎猛制虜塞下，告塞吏曰『欲見和親侯。』和親侯王歙者，王昭君兄子也。中部都尉以聞。莽遣歙、歙弟騎都尉展德侯颯使匈奴，賀單于初立，賜黃金衣被繒帛，紿言侍子登在，因購求陳良終帶等。單于盡收四人及手殺校尉刀護賊芝音，妻子以下二十七人，皆械檻付使者，遣厨唯姑夕王富等四十人送歙颯。莽作焚如之刑，燒殺陳良等。罷諸將率屯兵，但置游擊都尉。

單于貪莽賂遺，故外不失漢故事，然內利寇掠，又使還，知子登前死，怨恨，寇虜從左地入不絕。使者問單于，輒曰：『烏桓與匈奴無狀黠民共爲寇入塞，譬如中國有盜賊耳。咸初立持國，威信尙淺，盡力禁止，不敢有二心。』天鳳二年五月，莽復遣歙與五威將王咸率伏黯、丁業等六人，使送右厨唯姑夕王，因奉歸前所斬侍子登及諸貴人從者喪，皆載以常車。至塞下，單于遣云、當子男大且渠奢等至塞迎。咸等至，多遺單于金珍，因諭說改其號，號匈奴曰恭奴，單于曰善于，賜印綬。單于貪漢金幣，故曲聽之，然寇盜如故。咸、歙十二月還入塞，莽大喜，賜歙錢二百萬，悉封黯等。

烏累單于咸立五歲，天鳳五年（西元後一八年）死。弟左賢王輿立，爲呼都而尸道皐若鞮單于（Khutulz-daokao-yokte Jenuye）。呼都而尸單于輿既立，貪利賞賜，遣大且渠奢與云，云女弟當于居次子醯櫝王俱奉獻至長安。莽遣和親侯歙與奢等俱至制虜塞下，與云、當會，因以兵迫脅，將至長安。云、當小男從塞下得脫歸匈奴。當至長安，莽拜爲須卜單于，欲出大兵以輔立之，兵調度亦不合，而匈奴愈怒，並入北邊，北邊由是壞敗。會當病死，莽以其庶女陸逯任妻後安公奢，所以尊寵之甚厚，終欲爲出兵立之。會漢兵誅莽，云奢亦死。

更始二年（西元後二四年）冬，漢遣中郎將歸德侯颯，大司馬護軍陳遵使匈奴，授單于漢舊制璽綬，王侯以下印綬，因送云當餘親屬貴人從者。單于輿驕，謂遵颯曰：『匈奴本與漢爲兄弟；匈奴中亂，孝宣皇帝輔立呼韓邪單于，故稱臣以尊漢。今漢亦大亂，爲王莽所篡，匈奴亦出兵擊莽，空其邊境，令天下騷動思漢。莽卒以敗，而漢復興，亦我力也，常復尊我！』遵與相掌距，單于終持此言。其明年夏還。會赤眉入長安，更始敗，西漢遂終。

第十六章　匈奴之内屬分裂與衰亡

王莽之逝，天下大亂，建武初，呼都而尸單于因權立盧芳，使入居五原。光武初，方平諸夏，未遑外事，至六年（西元後三〇年）始命歸德侯劉颯使匈奴，匈奴亦遣使來獻，漢復令中郎將韓統報命，賂遺金幣，以通舊好，而單于驕踞自比冒頓，對使者辭語悖慢，帝待之如初。初使命常通，而匈奴數與盧芳共侵北邊。九年，遣大司馬吳漢等擊之，經歲無功。而匈奴轉盛，鈔暴日增，十三年遂寇河東，州郡不能禁，於是漸徙幽并邊人於常山關居庸關已東。匈奴左部遂復轉居塞內。匈奴聞漢購求盧芳，貪得財帛，乃遣芳還降，望得其賞。而芳以自歸爲功，不稱匈奴所遣，單于復恥言其計，故賞遂不行，由是大恨，入寇尤深。北邊無復甯歲。

初漢王昭君遠嫁呼韓邪單于，生二子，一曰伊屠知牙師，爲右谷蠡王。呼都而尸單于立，知牙師以次當左賢王，左賢王即是單于儲副；單于欲傳其子，遂殺知牙師。烏珠留單于子比見知牙師被誅，出怨言曰，『以兄弟言之，右谷蠡王次當立；以子言之，我前單于長子，我當立。』遂內懷猜懼，庭會稀闊。單于疑之，乃遣兩骨都侯監領比所部兵。光武帝建武二十二年（西元後四六年），單于輿死，子左賢王烏達鞮侯立為單于；復死，弟左賢王蒲奴立為單于。比不得立，既懷憤恨，用密遣漢人郭衡奉匈奴地圖，建武二十三年詣西河太守求內附。兩骨都侯頗覺其意，會五月龍祠，因白單于，言薁鞬日逐夙來欲為不善，若不誅，且亂國。時比斬將王在單于帳下，聞之，馳以報比。比懼，遂斂所主南邊八郡眾四五萬人，待兩骨都侯還，欲殺之。骨都侯且到，知其謀，皆輕騎亡去，以告單于。單于遣萬騎擊之，見比眾盛，不敢進而還。

建武二十四年（西元後四八年）春，八部大人共議立比為呼韓邪單于；以其大父嘗依漢得安，故欲襲其號。於是款五原塞，願永為藩蔽，扞禦北虜。光武帝用五官中郎將耿國議，乃許之。是歲十二月，比自立為呼韓邪單于；匈奴之分為南北單于，自此始也。建武二十五年春，遣弟左賢王莫將兵萬餘人擊北單于弟薁鞬左賢王，生獲之。又破北單于帳下，幷得其眾合萬餘人，馬七千匹；牛羊萬頭；北單于震怖，卻地千里。初帝造戰車，可駕數牛，作樓櫓，置於塞上，以拒匈奴。時人見者，或相謂曰，『讖言漢九世當卻北狄地千里，豈謂此邪？』及是果拓地焉。北部薁鞬骨都侯與右骨都侯率衆三萬餘人來歸南單于。南單于復遣使詣闕，奉藩稱臣，獻國珍寶，求使者監護，遣侍子修舊約。二十六年遣中郎將段郴副校尉王郁使南單于，立其庭去五原西部塞八十里（約爲今歸化城）。單于乃延迎使者，使者曰『單于當伏拜受詔。』單于顧望有頃，乃伏稱臣。拜訖，令譯曉使者曰『單于新立，誠慙於左右，願使者衆中無相屈折也。』骨都侯等見皆泣下。郴等反命，詔乃聽南單于入居雲中。

夏南單于所獲北虜薁鞬左賢王將其衆及南部五骨都侯合三萬餘人，畔歸，去北庭三百餘里，共立薁鞬左賢王爲單于。月餘日，更相攻擊，五骨都侯皆死，左賢王遂自殺，諸骨都侯子各擁兵自守。秋南單于遣子入侍，奉奏詣闕，詔賜單于冠帶、衣裳、黃金璽、盭緺綬、安車羽蓋、華藻駕駟、寶劍、弓箭、黑節三、駙馬二、黃金錦繡繒布萬匹、絮萬斤、樂器、鼓車、棨戟、甲兵、飲食什器，又轉河東米糒二萬五千斛，牛羊三萬六千頭，以贍給之。令中郎將置安集掾史將弛刑五千人持兵弩，隨單于所處，參辭訟，察動靜。單于歲盡，輒遣奉奏，使送侍子入朝，中郎將從事一人將領詣闕。漢遣謁者送前侍子還單于庭。交會道路。元正朝賀，拜祠陵廟畢，漢乃遣單于使令謁者將送，賜綵繒千匹，錦四端，金十斤，大官御食醬及龍眼荔枝橙橘（按温州苦橘，今猶自南方船運至天津，以轉販蒙古也）。匈奴俗歲有三龍祠，常以正月五日九月戊日祭天神。南單于既內附，兼祠漢帝，因會諸部議國事，走馬及駱駝爲樂。左右賢王左右谷蠡王及六角之制猶昔。異姓名族爲呼衍氏須卜氏丘林氏蘭氏四姓，常與單于婚姻。呼衍氏爲左，蘭氏須卜氏爲右，主斷獄聽訟，當決輕重，口白單于，無文書簿領焉（按匈奴無文書簿領，必有漢人爲之措外交辭令，以備與漢交往也）。冬，前畔五骨都侯子復將其衆三千人歸南部，北單于使騎追擊，悉獲其衆。南單于遣兵拒之，逆戰不利。於是復詔單于徙居西河美稷。因使中郎將段郴及副校尉王郁留西河擁護之（其後劉淵起於離石，號曰漢，蓋自以漢公主之裔，欲直接漢室之統也。離石卽在西河附近）。爲設官府從事掾史，令西河長史歲將騎二千弛刑五百人助中郎將衛護單于，冬屯夏罷，自後以爲常。及悉復緣邊八郡。南單于既居西河，亦列置諸部王，助爲扞戍，皆領部衆爲郡縣偵羅耳目。北單于惶恐，頗還所略漢人，以示善意。鈔兵每到南部下，還過亭候，輒謝曰『自擊亡虜奥鞬日逐耳，非敢犯漢人也。』二十七年（西元後五二年），北單于遂遣使詣武威求和親。天子召公卿廷議，不決。皇太子言曰，「南單于新附，北虜懼於見伐，故傾耳而聽，爭欲歸義耳。今未能出兵而反交通北虜，臣恐南單于將有志，北虜降者且不復來矣。」帝然之，告武威太守勿受其使。二十八年，北匈奴復遣使詣闕貢馬及裘，更乞和親；幷請音樂；又求率西域諸國胡客與俱獻見。帝下三府議酬答之宜。司徒掾班彪奏曰，「臣聞孝宣皇帝勅邊守尉曰，「匈奴大國多變詐，交接得其情，則卻敵折衝；應對入其數，則反爲輕欺。」今北單于見南單于來附，懼謀其國，故數乞和親。又遠驅牛馬，與漢合市，重遣名王，多所貢獻，斯皆外示富強，以相欺誕也。臣見其獻益重，知其國益虛；歸親愈數，爲懼愈多。然今既未獲助南，則亦不宜絕北。羈縻之義，禮無不答。謂可頗加賞賜，略與所獻相當。明加曉告以前世呼韓邪郅支行事；報答之辭令必有適。』彪卽以所立藁草幷上，曰，『單于不忘漢恩，追念先祖舊約，欲脩和親，以輔身安國，計議甚高，爲單于嘉之。往者匈奴數有乖亂，呼韓邪郅支自相讎隙，並蒙孝宣皇帝垂恩救護，故各遣侍子，稱藩保塞。其後郅支忿戾，自絕皇澤，而呼韓附親，忠孝彌著。及漢滅郅支，遂保國傳嗣，子孫相繼。今南單于攜衆向南，款塞歸命。自以呼韓嫡長，次第當立，而侵奪失職，猜疑相背，數請兵將，歸掃北庭，策謀紛紜，無所不至。惟念斯言，不可獨聽；又以北單于比年貢獻，欲修和親，故拒而未許；將以成單于忠孝之義。漢秉威信，總率萬國，日月所照，皆爲臣妾，殊俗百蠻，義無親疎，服順者褒賞，畔逆者誅罰，善惡之效，呼韓邪、郅支是也。今單于欲脩和親，款誠已達，何嫌而欲率西域諸國俱來獻見？西域國屬匈奴，與屬漢何異？單于數連兵亂，國內虛耗，貢物裁以通禮，何必獻馬裘？今齎雜繒五百匹，弓鞬韇丸一，矢四發，遺單于。又賜獻馬左骨都侯、右谷蠡王雜繒各四百匹，斬馬劍各一。單于前言先帝時所賜呼韓邪竽、瑟、空侯皆敗，願復裁賜。念單于國尚未安，方厲武節，以戰攻爲務，竽瑟之用不如良弓利劍，故未以齎。朕不愛小物，於單于便宜所欲，遣驛以聞。』帝悉納從之。

光武帝中元元年（西元後五六年），南單于比立至是凡九年，薨。弟右賢王莫立，是爲丘浮尤鞮單于，一年薨。弟汗立，是爲伊伐於慮鞮單于，立二年而薨。單于比之子適立，是爲醯僮尸逐侯鞮單于，立四年而薨。單于莫子蘇立，爲丘除車林鞮單于，數月復薨，單于適之弟長立，是爲胡邪尸逐侯鞮單于，時明帝永平六年（西元後六三年）也。自單于莫以下，國祚奇短，無復可紀。時北匈奴猶盛，數寇邊，朝廷以爲憂。會北單于欲合市，遣使求和親；明帝冀其交通，不復爲寇，乃許之。八年，遣越騎司馬鄭衆北使報命。而南部須卜骨都侯等知漢與北虜交使，懷嫌怨欲畔，密因北使令遣兵迎之。鄭衆出塞疑有異，伺候果得須卜使人。乃上言宜更置大將，以防二虜交通。由是始置度遼營，以中郎將吳棠行度遼將軍事；副校尉來苗左校尉閻章右校尉張國將黎陽虎牙營士屯五原曼柏。又遣騎都尉秦彭將兵屯美稷。其年秋，北匈奴果遣二千騎候望朔方，作馬革船，欲度迎南部畔者。以漢有備，乃引去。復數寇鈔邊郡，焚燒城邑殺略甚衆，河西城門晝閉。帝患之，十六年（西元後七三年），乃大發緣邊兵，遣諸將四道出塞，北征匈奴。南單于遣左賢王信隨太僕祭肜及吳棠出朔方高闕，攻皋林溫禺犢王於涿邪山。虜聞漢兵來，悉度漠去。肜棠坐不至涿邪山免，以騎都尉來苗行度遼將軍事。其年北匈奴入雲中，遂至漁陽，太守廉范擊卻之。詔遣使者高弘發三郡兵追之，無所得。建初元年（西元後七六年），來苗遷濟陰太守，以征西因將軍耿秉爲度遼將軍。時皋林溫禺犢王復將衆還居涿邪山，南單于聞知，遣輕騎與緣邊郡及烏桓兵出塞擊之，斬首數百級，降者三四千人。其年南部苦蝗大飢，章帝稟給其貧人三萬餘口。七年耿秉遷執金吾，以張掖太守鄧鴻行度遼將軍。八年北匈奴三木樓訾大人稽留斯等率三萬八千人馬二萬匹牛羊十餘萬，款五原塞降。元和元年（西元後八四年），武威太守孟雲上言，北單于復願與吏人合市。詔書聽雲遣譯使迎呼慰納之。北單于乃遣大且渠伊莫訾王等驅牛馬萬餘頭來，與漢賈客交易，諸王大人或隨至，所在郡縣爲設官邸賞賜待遇之。南單于聞，乃遣輕騎出上郡，遮略生口，抄掠牛馬，驅還入塞。二年正月，北匈奴大人車利涿兵等亡來入塞，凡七十三年。時北匈奴衰耗，黨衆離畔，南部攻其前，丁零寇其後，鮮卑擊其左，西域侵其右，不復自立，乃遠引而去。（循塞楞格（Selinga）伊爾齊斯(Irtysh)兩水上游以達伊斯庫爾（Issekul）鹹海，裏海，以與當時據有今俄羅斯地之巴斯吉爾人（Bash-kirs）、阿蘭人（Alans）及其他部落激戰，然後入歐洲）。吉明(Gibbons)謂阿鐵拉(Etzil or Attila)自誇爲匈奴單于之苗裔云云，此事綦爲重要，使有確證，亦必屬後來之事也。希羅多德書中所云塞種橫行小亞細亞一帶，蓋在北匈奴引去以前數百年；即令希羅多德所言爲古版之匈奴，而牧羊王(Shepherd Kings)以馬傳入埃及，蓋又在希氏以前若干世紀，此蓋確然無疑者也。

南單于長立二十三年薨。元和二年（西元後八五年），單于汗之子宣立，是爲伊屠於閭鞮單于。其歲單于遣兵千餘人獵至涿邪山，卒與北匈奴溫禺犢王遇，因戰，獲其首級而還。章和元年（西元八七年），鮮卑入左地擊北匈奴，大破之，斬優留單于，取其皮而還。（其後一百年波斯王沙波(Sapor)取羅馬皇帝發利立安(Valerian)之皮而實之，大約卽從過境之匈奴人學得者，吉明引服匹斯卡斯（Vopiscus）之言，以爲奧利連（Aurilian）戰勝，（中國使者助之如此云云，誤也。）北庭大亂，屈蘭儲卑胡都須等五十八部口二十萬勝兵八千人，詣雲中五原朔方北地降。自是北單于之勢，在中國史上逐無足重輕矣。南單于宣立三年薨，單于長之弟屯屠何於章和二年立，是爲休蘭尸逐侯鞮單于。時北匈奴大亂，加以飢蝗，降者前後而至，南單于將幷北庭，上書求漢助。永元元年（西元後八九年），以耿秉爲征西將軍，與車騎將軍竇憲率騎八千，與度遼兵及南單于衆三萬騎出朔方，擊北匈奴，大破之，北單于奔走，首虜二十餘萬人。竇憲勒石燕然山而反。（竇憲所勒銘文今見後漢書憲傳。西元後一八八八年俄人於竇憲勒石處之西發見突厥文碑數事，上附漢文及敍利亞文；其中在鄂魯渾河畔發見之阿拉米亞文突厥文兩體石碑，最爲重要，俄人拉得路夫（Radloff）創通其讀，一八九二年發表於其所著之大地圖叢書中。據此，則竇憲所勒，或亦有發見之望也。）二年春，鄧鴻遷大鴻臚，以定襄太守皇甫稜行度遼將軍，南單于復上求滅北庭。於是遣左谷蠡王師子等將左右部八千騎出雞鹿塞，中郎將耿譚遣從事將護之至涿邪山。乃留輜重，分爲二部，各引輕兵兩道襲之。左部北過西海至河雲北：右部從匈奴河水，西繞天山，南度甘微河。二軍俱會，夜圍北單于。單于大驚，率精兵千餘人合戰，單于被創墮馬，復上，將輕騎數十遁走，僅而免脫。得其玉璽，獲閼氏及男女五人，斬首八千級，生虜數千口而還。三年，北單于復爲右校尉耿夔所破，逃亡不知所在。其弟右谷蠡王於除鞬自立爲單于，將右溫禺鞬王骨都侯已下數千人，止蒲類海，遣使款塞。將軍竇憲上書立於除鞬爲北單于，漢從之。四年，遣耿夔即授璽綬，賜玉劍四具，羽蓋一駟，使中郎將任尚持節衞護，屯伊吾，如南單于故事。方欲輔歸北庭，五年，於除鞬自畔還北，帝遣將兵長史王輔以千餘騎與任尚共追誘將還，斬之，破滅其衆。

南單于屯屠立六年薨。永元五年（西元後九三年），單于宣弟安國立。安國初爲左賢王而無稱譽。左谷蠡王師子素勇黠多知，前單于宣及屯屠皆受其氣決，故數遣將兵出塞，掩擊北庭，還受賞賜，天子亦加殊異，是以國中盡敬師子，而不附安國。安國由是疾師子，欲殺之。其諸新奴降胡初在塞外，數爲師子所驅掠，皆多怨之，安國因是委計降者，與同謀議。安國旣立爲單于，師子以次轉爲左賢王，覺單于與新降者有謀，乃別居五原界。單于每龍會議事，師子輒稱病不往，皇甫稜知之，亦擁護不遣。單于懷憤益甚。六年春，皇甫稜免，以執金吾朱徽行度遼將軍。時單于與中郎將杜崇不相平，乃上書告崇。崇諷西河太守令斷單于章，無由自聞。而崇因與朱徽上言南單于安國疏遠故胡，親近新降，欲殺左賢王師子，及左臺且渠劉利等；又右部降者謀共迫脅安國起兵背畔，請西河上郡安定爲之儆備。於是徽崇等發兵攻之；安國爲其舅骨都侯喜爲等所格殺，距其立爲時一年。安國旣死，單于適之子師子立，是爲亭獨尸逐侯鞮單于，時永元六年（西元後九四年）也。（南單于名中多冠以尸逐侯鞮（Sedjugeute）或於盧鞮（Urute）；其義當與若鞮無異，唯別益以區別之辭耳。）降胡五六百人夜襲師子，安集掾王恬將衞護士與戰破之。於是新降胡遂相驚動，十五部二十餘萬人皆反畔，脅立前單于屯屠何子薁鞬日逐王逢侯爲單于。遂殺略吏人，燔燒郵亭廬帳，將軍重向朔方，欲度漠北。漢與烏桓鮮卑合，追擊敗之，斬獲甚多。永元十年（西元後九八年），南單于師子立四年，至是薨，單于長之子檀立，是爲萬氏尸逐鞮單于。而北單于逢侯部衆飢窮，又爲鮮卑所擊，無所歸，竄逃去塞者絡繹不絕。自是北單于屢遣使詣漢貢獻，願和親，漢以其舊禮不備，未之許，而厚加賞賜，不答其使至元初五年（西元後一一七年）北單于逢侯以爲鮮卑所破，部衆分散，用將百餘騎亡還，詣朔方塞降，徙於潁川郡。南單于萬氏尸逐鞮單于檀立二十七年，在位時以比歲遣兵擊逢侯，多所虜獲。□聽漢人韓琮言，起兵反畔；未幾而平。而鮮卑寇邊，紛擾久之。延光三年（西元後一二四年）單于檀薨，弟拔立，是爲烏稽侯尸逐鞮單于。單于拔立四年薨，弟休利立，是爲去特若尸逐就單于。休利單于立十三年，以不能制下寇漢，爲漢所責因與弟左賢王皆自殺。自此以後南匈奴單于繼立靡常，邊疆侵寇，順逆不定。至熹平六年（西元後一七七年），南單于屠特若尸逐就單于某與漢中郎將臧旻出雁門擊鮮卑檀石槐（Dardjegwe），大敗而還。是歲單于薨，子呼徵立，以與中郎將張脩不相能，爲脩所擅斬，更立右賢王羌渠（Kiangü）。羌渠立十年，子右賢王於扶羅（Uvura）立，是爲持至尸逐侯單于，時中平五年（西元後一八八年）也。時中國漢末天下大亂，南匈奴亦擾攘不甯。於扶羅寇漢不利，歸國，國人不受，南庭遂虛其位，以老王行國事。單于於扶羅立七年死，弟呼廚泉（Khudjuzen）於興平二年（西元後一九五年）立爲單于，以建安二十一年（西元後二一六年）來朝，曹操因留於鄴。自是匈奴一蹶不復振，而中國亦天下三分，唯魏與匈奴微有往還云。

第七章 匈奴人之稱帝於中國北部

匈奴至漢末，單于譜系失紀，然大率當爲冒頓之裔。雖內亂不絕，單于世系，終不出於王族。故自冒頓以降至握衍朐提，懿世相承，大都前單于之子姪兄弟。如呼韓邪之爲虛閭權渠之子；而呼韓邪六子又以次遞立。南匈奴醯落尸逐鞮單于比爲呼韓邪單于孫，復立爲呼韓邪單于，自屬正統，單于比薨，兩弟先後立，繼之者爲比與兩弟之六子。其後復繼以五孫，至特若尸逐就單于休利之薨，爲永和元年（西元後一四一年）自呼韓邪以降，蓋已三世矣。羌渠先世不之知，唯繼其後之於扶羅呼廚泉二單于俱爲其子，則自永和六年單于休利之薨以至光和二年（西元後一七九年）單于羌渠之立，其間諸單于當亦秉承前軌，罔所更易也。北單于則紀載闕失，今無可徵。

漢末三國鼎立，唯曹魏與匈奴隣接。時匈奴故地自雲中五原以東抵遼水，皆爲鮮卑庭。建安中，魏武帝始分南單于餘衆爲五部落，以於扶羅子豹爲左部帥。初漢高祖以宗女爲公主，以妻冒頓，約爲兄弟，故其子孫遂冒姓劉氏；起於何時，今末之知，南單于比附中國以後，後繼諸單于俱有單名，或始於是時也。於扶羅子漢名劉豹，爲左部帥，其餘部帥，皆以劉氏爲之。劉氏雖分居五部，然皆家居晉陽汾澗之濱。豹妻呼延氏，生子劉淵，字元海，幼好學，師事上黨崔游，習毛詩京氏易馬氏尚書，尤好春秋左氏傳孫吳兵法，略皆誦之，史漢諸子無不綜覽；並學武事，妙絕於衆。咸熙中爲侍子，在洛陽。會豹死，以元海代爲左部帥。晉既併魏蜀吳三國，而元海亦以忠義見信，楊駿輔政，以元海爲建威將軍五部大都督，封漢光鄉侯。

晉惠帝失馭，寇盜蜂起。元海從祖故北部都尉左賢王劉宣等以爲自漢亡以來，魏晉代興，單于雖有虛號，無復尺土之業，自諸王侯，降同編戶，今司馬氏骨肉相殘，四海鼎沸，興邦復業，此其時矣。因謀推元海爲大單于。後成都王穎拜元海爲北單于，參丞相軍事，元海至左國城，劉宣等上大單于之號，二旬之間，衆已五萬，都于離石。惠帝永興元年（西元後三〇四年），淵乃爲壇於南郊，僭卽漢王位，立漢高祖以下三祖五宗神主而祭之。進攻中原，國都自離石遷黎亭，徙晉陽，都蒲子。永嘉二年（西元後三〇八年）卽皇帝位，遷都平陽，其志固在洛陽也。永嘉四年，淵薨。子劉聰弒兄代立，連陷洛陽長安，晉懷愍二帝俱爲所殺，改國號曰趙，聰在位九年，卒爲劉曜所代，元帝太興二年（西元後三一九年），石勒復自稱趙王，代曜而起。勒字世龍，初名匐，其先羌渠之胄，既代曜而立，國號後趙，據有中國北部者凡三十年。而匈奴人之據有中國北部，至是近六十年，以之與歐洲諸王朝相較，爲時固甚促也，然中國人設穽自陷，以前思以和親之策玩北族於股掌之上，卒致異族入主中國。唯大江以南漢族新闢諸邦，除第五世紀西蜀成氏曾一度臣屬托跋氏外，初未嘗一屈，至十三世紀，忽必烈偏起北邊，始平定華夏，統一中國云。北族奠有河北，漢族諸國則先後定都今日之南京杭州一帶；其時中國政治中心渡江而南；而今日歐洲人所稱之中國官話，當亦於斯時始盛行長江以北也。就三百年前小說中語言觀之，當時北京方言與今日無絲毫之異。法語出自拉丁，而受諸曼人（Normans）與法朗克人（Franks）之影響，近代中國之官話，蓋亦漢語復受韃靼人影響而成者也。唯中國方音雖有殊異，而文字之純淨，初不因之而變，古文文體，猶到處一律也。辛亥革命以後，至於最近，白話文體盛行，以前莊嚴之古文，將退而爲學士大夫所專精矣。

石勒繼父周曷朱爲部落小率，所居在武鄉北原山下。太安中（西元後三〇二年至三〇四年）幷州饑亂，與諸小胡亡散，被虜賣與茌平人師懽爲奴，懽奇其狀貌而免之，勒後遂爲羣盜長。卒歸劉淵，淵以爲輔漢將軍時率師寇漢禦鮮卑；又助劉聰寇洛陽卒弑劉曜，自爲趙王，復卽皇帝位。成帝咸和七年（西元後三三二年）勒死，在位凡十五年。子弘立，咸康元年（西元後三三五年）爲勒從子石虎季龍所弑。虎立亦十五年，於晉穆帝永和六年（西元後三五〇年）死。虎死後，諸子爭立；石氏卒盡爲虎養孫閔所滅。

石勒以非常之才，入據中原，史盛稱其爲人。立法度，信佛教。印度高僧佛圖澄（Buddhôchinga）以晉懷帝永嘉四年（西元後三一〇年）適洛陽，頗爲勒所信服，至石虎，亦復傾心事澄，有重於勒。勒初卽皇帝位，趙國封內凡有三十四郡，戶二十九萬。爲趙天王以後，平秦州羌，國境遠至西北；涼州亦降。是時爲十六國時代，中國北部鮮卑匈奴氐羌以及漢族迭爲盛衰，其間求之西史，唯羅馬帝國末季東西峨特（Goths）汪達爾（Vamdals）諸族紛起，以乘帝國之敝，剽掠國都，而立蠻族王朝於西班牙、非洲及高盧之事，庶可與此比擬耳。當時羅馬帝國重心往復於東方之君士坦丁堡及西方之羅馬城，與中國北部之徘徊於長安洛陽南部之遷轉於建康杭州者，正無以別。東海西海，不謀而合，此至堪驚異者也。

當時羣雄之中有沮渠蒙遜（Tsugu mêngsun）者，臨松盧水胡人也。其先世爲匈奴左沮渠，遂以官爲氏焉。北涼神璽元年（西元後三九七年），以蒙遜爲張掖太守，張掖即漢時月氏所居故地也。晉安帝隆安五年（西元後四〇一年），蒙遜自立爲張掖公，號北涼；義熙八年（西元後四〇五年），即河西王位，屢禦鮮卑，卒於元嘉十年。子茂虔立六年，爲拓跋魏所滅。蒙遜事蹟無可稱，唯中國史上匈奴與後來突厥之連屬，實以蒙遜爲其明證云。

劉淵石勒沮渠蒙遜而外，尚有赫連勃勃（Ghoren Borbor）者，爲南單于於扶羅時右賢王去卑（Küpi）之後，劉淵之族也。建安時，去卑曾侍衞漢帝；後單于呼廚泉爲曹操留居於鄴，而去卑被遣歸監其國。勃勃曾祖武，劉聰世以宗室封樓煩公，拜安北將軍，監鮮卑諸軍事。丁零中郎將雄據肆盧川，爲代王猗盧所敗，遂出塞表。祖豹子招集集部落，復爲諸部之雄；石虎遣使就拜平北將軍，左賢王，丁零單于。父衞辰入居塞內，苻堅以爲西單于，督攝河西諸虜，屯于代來城。及堅國亂，遂有朔方之地，控弦之士三萬八千。後魏師伐之，辰令其子力俟提非戰，爲魏所敗，魏人乘勝濟河，剋代來，執辰殺之。勃勃乃奔叱干部，復由叱干部奔投後秦姚興，拜驍騎將軍，加奉車都尉，常參軍國大議，寵遇踰於勳舊。卒於晉義熙二年（西元後四〇六年）自稱爲天王大單于。自以匈奴夏后氏之苗裔也，國稱大夏。其廢劉姓而姓赫連，當始是時，赫連韃靼語輝赫與天連之義也。勃勃既立，敗禿髮傉檀。又於朔方水北黑水之南，營起都城（大約在今甯夏附近，甯夏卽馬哥孛羅遊記中之Egrigaia也），以統萬爲名。義熙十三年（西元後四一七年）後秦姚泓爲劉裕所滅。裕入據長安，遣使遺勃勃書，請通和好，約爲兄弟。勃勃聞裕留子義眞鎭長安，大喜，因進取長安，卽皇帝位。勃勃在位十三年，以宋元嘉二年（西元後四二五年）死，子昌嗣，尋爲跖跋魏所滅。

第五世紀，北魏據有中國北部，其時有稽胡者一曰步落稽，蓋晉時匈奴別種，劉淵五部之苗裔也。或云山戎赤狄之後。自離石以西，安定以東，方七八百里，居山谷間，種落繁熾。其俗土著，亦知種田，地少桑蠶，多衣麻布。又與華人錯居，其渠帥頗識文字，其言語類夷狄，因譯乃通。北齊時遂衰。